JN022728

DATA SCIENCE

JOHN D. KELLEHER AND BRENDAN TIERNEY

データサイエンス

ジョン・D・ケレハー＆ブレンダン・ティアニー＝著

今野紀雄＝監訳　**久島聡子**＝訳

DATA SCIENCE (The MIT Press Essential Knowledge series)
by John D. Kelleher and Brendan Tierney
Copyright © 2018 by Massachusetts Institute of Technology

Japanese translation published by arrangement with The MIT Press
through The English Agency (Japan) Ltd.

DATA SCIENCE

JOHN D. KELLEHER AND BRENDAN TIERNEY

データサイエンス

シリーズ序文

　マサチューセッツ工科大学出版局エッセンシャルナレッジシリーズは，今注目を集めている話題をわかりやすく簡潔にまとめ，美しく装丁して読者にお届けします。一流の思想家を著者に迎え，本シリーズでは文化・歴史から科学技術まで，多岐にわたる分野について，専門家による意見をまとめています。

　欲しい時にすぐに情報が手に入る今の時代，さまざまな意見やそれらの正当化，そして，表面的な解説を見聞きするのは簡単なことです。しかし，それよりはるかに難しいのは，世界を本質的に理解する際の拠りどころとなる基礎知識の習得です。エッセンシャル・ナレッジの書籍は，このニーズにお応えします。専門的なテーマを一般の読者にも理解できるようにまとめ，基礎知識を通して重要な話題に関心をもたせます。コンパクトにまとまったシリーズ本を一冊一冊読み進めることで，読者は複雑な概念を理解する出発点に立つことができるでしょう。

マサチューセッツ工科大学
生物工学および情報科学教授
ブルース・ティダー

序　文

　データサイエンスの目的は，膨大なデータセットから得られた情報に基づき物事の本質をとらえ，よりよい意思決定をすることにあります。膨大なデータセットから明確ではなくても役立つパターンを引き出すため，データサイエンスでは，方針を立て，解決すべき課題を定義し，アルゴリズムを駆使し，データを処理します。データサイエンスは，データマイニングや機械学習（ML）などの領域と密接に関連していますが，それよりも広い範囲を網羅します。現在，データサイエンスは現代社会のほぼすべての領域にわたり，意思決定に多大な影響を及ぼしており，人々の日常生活にもさまざまな影響を及ぼしています。例えば，インターネット上で表示される広告，映画や書籍のおすすめ，知り合いの可能性がある人物の紹介，迷惑メールのフォルダに入れられる電子メール，携帯電話の契約を更新した際に受ける優待，健康保険料，地域の交通信号が変わる順序やタイミング，医薬品の創薬企画，町のどのエリアで警察が特に集中的に警戒に当たるかなどが挙げられます。

　データサイエンスの利用は一般社会にますます広がっており，ビッグデータとソーシャルメディアの出現，計算能力のスピードアップ，コンピューターメモリの価格の大幅な値下げ，

ディープラーニング（深層学習）に代表される，より高性能な
データ分析やモデリング手法の開発がこれを後押ししています。これらの要因を総合的に考慮すると，組織にとってデータ
の収集，格納，処理がこれまでになく容易になったということ
がわかります。同時に，前述の技術革新やより広範囲にわたる
データサイエンスの応用によって，データの使用や個人のプラ
イバシーに関する倫理的な課題を解決することが，いまだかつ
てないほど急務となっています。本書の目的は，データサイエ
ンスの原則を理解するために，基本的な要素を紹介することに
あります。

　第1章では，データサイエンスという分野を紹介し，どのよ
うに発展し，進化してきたか，その歴史を概説します。また，デー
タサイエンスが現代社会において重要である理由と，データサ
イエンスの利用を促進する要因をいくつか検証します。章の終
わりでは，データサイエンスにまつわる神話を再検討し，真実
に迫ります。第2章では，データに関連する基本的な概念を紹
介します。また，データサイエンスのプロジェクトにおける標
準的な段階である，ビジネスの理解，データの理解，データの
準備，モデリング，評価および展開について解説します。第3
章では，データのインフラストラクチャと，ビッグデータおよ
び複数のソース（情報源）から収集したデータの統合がもたら
す課題に焦点を当てます。一般的なデータのインフラストラク
チャについての最も困難な課題は，多くの場合，データベース

やデータウェアハウスのデータが，データ分析に使用するサーバーとは別のサーバーに格納されているという点です。したがって，膨大なデータセットを処理する際，データベースまたはデータウェアハウスが格納されているサーバーと，データ分析や機械学習に使用されるサーバー間のデータ移動に驚くほど時間がかかることがあります。第3章の冒頭では，組織向けの標準的なデータサイエンスのインフラストラクチャおよびデータのインフラストラクチャ内での大規模データセットの移動における課題を克服するために新たに考案された解決策を数例取りあげます。解決策としては，データベース内機械学習の使用，Hadoop（ハドゥープ）を使用したデータ格納とデータ処理，従来型のデータベース・ソフトウェアとHadoopのようなソリューションをシームレスに統合するハイブリッド型データベースシステムの開発などが挙げられます。そして，組織全体のデータを機械学習に適した表現に統一する際のいくつかの課題を取りあげて第3章を締めくくります。第4章では，機械学習の分野を紹介し，ニューラルネットワーク，ディープラーニング，決定木モデルなど，最も一般的に普及している機械学習のアルゴリズムやモデルについて解説します。第5章では，多岐にわたる一般的なビジネス上の問題について考察することで，機械学習の専門性と現実社会の問題を結びつけ，機械学習を利用したソリューションがそれらの問題をどのように解決できるかを解説します。第6章では，データサイエンスの倫理的

影響，最近のデータ規制の動向，データサイエンスのプロセスにおいて個人のプライバシーを保護するための新たな計算処理上のアプローチについて考察します。最終章の第7章では，近い将来，データサイエンスが多大な影響が及ぼすと予測されるいくつかの分野を取りあげ，データサイエンスのプロジェクトの成功を左右する重要な原則を詳述します。

謝　辞

　初期の草稿を読み，意見をくださったポール・マッケルロイ氏とブライアン・リーヒ氏に感謝します。また，原稿について詳細で有益なご意見をくださった匿名のレビュアーの方々，ならびに，マサチューセッツ工科大学出版局社員の皆様の支援と指導に感謝します。

　ジョンは，本書の執筆中に温かくサポートし，はげましてくれた家族と友人に感謝し，その愛情と友情をたたえた父ジョン・バーナード・ケレハーに本書をささげます。

　ブレンダンは，（4冊目にあたる）別の本の執筆，本業との両立，旅行中と，常に支えてくれたグレース，ダニエル，エレノアに感謝します。

第1章

データサイエンスとは？

　膨大なデータセットから明確ではなくても役立つパターンを引き出すため，データサイエンスでは，方針を立て，解決すべき課題を定義し，アルゴリズムを駆使し，データを処理します。データサイエンスを構成する要素の多くは，機械学習やデータマイニングなどの関連分野で開発されてきたものです。実際，「データサイエンス」，「機械学習」，「データマイニング」という用語は，しばしば同義で使用されます。上記の学問分野の共通点は，データ分析を通じた意思決定能力の向上に焦点を当てていることです。データサイエンスはそれらの分野から複数の要素を取り入れているものの，その対象はさらに広範囲に及びます。機械学習では，データからパターンを導き出すためのアルゴリズムの設計と評価に重きが置かれます。一般的に，データマイニングは構造化されたデータの分析に用いられ，商業的に応用されることが多いといえるでしょう。データサイエンス

はそれらすべてを網羅したうえで，構造化されていないソーシャルメディアやウェブデータのキャプチャ，クリーニング，変換，膨大な構造化されていないデータセットを格納，処理するためのビッグデータ技術の使用，データの倫理や規制に関する問題など，その他の課題にも対処します。

　データサイエンスを使用することで，さまざまな種類のパターンを抽出できます。例えば，行動や好みの似ている顧客グループの特定を容易にするパターンを抽出するとしましょう。この作業は業界用語で「顧客セグメンテーション」として知られており，データサイエンスの用語では「クラスタリング」といいます。あるいは，高い頻度で一緒に購入される商品を特定するためのパターンを抽出したい場合は，「相関マイニング」と呼ばれるプロセスが用いられます。また保険金の不正請求のような不審な，または異常なパターンを抽出したい場合は，「異常検知」または「外れ値検知」として知られるプロセスがあります。最後になりましたがここで，物事の分類を容易にするパターンを特定したい場合について考えてみましょう。例えば，次の規則は，電子メールのデータセットから抽出した分類パターンを示したものです。「『楽して儲ける（Make money easily）』という表現を含む電子メールは，スパムメールの可能性が高い」。このように分類規則の種類を特定することを，「予測」といいます。規則によって将来何が起こるかを予測できるわけではないので，「予測」という言葉の選択は奇妙に思える

かもしれません。その電子メールがスパムメールであるかどうかは，予測することではなく，すでに決まっていることです。代わりに，予測パターンは，将来の予測ではなく，ある属性の欠損値を予測するものと考えるのがいいでしょう。この例では，電子メール分類の属性に「スパム」という値が含まれるかどうかを予測しています。

人間の専門家が頭の中で容易にパターンを考え出せるのならば，概して，それを「見いだす」ために時間と手間をかけてデータサイエンスを用いるのは無駄といえるでしょう。

さまざまな種類のパターンの抽出にデータサイエンスを使用できるとはいっても，常にそのパターンが自明のものではなく，しかも有益なものでなければ意味がありません。先述した電子メールの分類規則は非常に単純でわかりやすい例であり，もしこれがデータサイエンスのプロセスによって抽出できる唯一の規則だとしたら，期待はずれでしょう。例えば，この電子メール分類の規則は電子メールのたった一つの属性，電子メールには「楽して儲ける」という表現が含まれるか，という点のみをチェックします。人間の専門家が頭の中で容易にパターンを考えだせるのならば，概して，それを「見いだす」ために時間と手間をかけてデータサイエンスを用いるのは無駄といえるでしょう。一般的には，膨大な量のデータが存在し，人間が手動で発見したり抽出するにはパターンが複雑すぎる時こそが，データサイエンスの出番です。人間が容易にチェックできる範

人間の専門家が
頭の中で容易にパターンを
考えだせるのならば，
概して，それを「見いだす」ために
時間と手間をかけて
データサイエンスを用いるのは
無駄といえるでしょう。

囲を超えた量のデータを処理しなければならないことを最低条件とします。繰り返しになりますが，パターンの複雑性に関しては，人間の能力を基準として定義できます。人間は，一つ，二つまたは多くて三つまでの属性（一般的に「特性」または「変数」と呼ばれます）をチェックして規則を定義することは問題なくできますが，四つ以上の属性になると，属性の相関関係の処理に苦戦します。一方，何十，何百，何千，極端な例では，何百万の属性からパターンを特定したいという場合に，データサイエンスが頻繁に用いられます。

　データサイエンスを使用して抽出されたパターンが役に立つのは，問題の解決につながるような洞察が得られる場合だけです。抽出されたパターンを使って何ができるのかを説明するという文脈で「実行可能な洞察」という表現が時々使われます。「洞察」という用語は，パターンによって，まだ明らかになっていない問題に関する適切な情報がもたらされることを強調しています。また，「実行可能な」という表現は，得られた洞察をなんらかの形で活用できる点を強調しています。例えば，携帯電話会社の社員として，「顧客離れ」，つまり，他の通信会社に乗り換える顧客が多いという問題の解決に取り組んでいるとします。データサイエンスを活用してこの問題に対処する一つの方法は，過去の顧客に関するデータからパターンを抽出することで，顧客離れのリスクがある現在の顧客を特定し，そのうえで彼らに連絡して他の会社に乗り換えないように説得を試

みることです。その際，（a）パターンによって早めに顧客を特定し，顧客が他社に乗り換える前に連絡する時間的な余裕が十分にあり，なおかつ（b）顧客に連絡を取るためのチームを編成できるという2つの条件が揃ってはじめて，乗り換えの可能性がある顧客の特定を可能するパターンが役に立ちます。パターンの分析によって入手した洞察に基づき，企業として行動するには，これらの2つの条件が両方とも必要です。

データサイエンスの略史

　データサイエンスという用語そのものは1990年代に誕生しましたが，データサイエンスの源流となった分野には，それよりもさらに長い歴史があります。この長い歴史を紡ぐ縦糸は，データ収集の歴史であり，横糸はデータ分析です。ここでは，これらの縦糸と横糸の発展を振り返り，どのようにして，また，どういった理由でデータサイエンスという領域に集約されたのかを説明します。必要に応じ，新しい専門用語についてはその都度解説し，重要な技術革新についても説明します。新しい用語が登場するたびに，その意味を簡単に解説します。専門用語については本書の後の章でも再度言及し，さらに詳しく解説していきます。まずデータ収集の歴史からはじめ，データ分析の歴史に触れ，最後にデータサイエンスの誕生についてお話しします。

データ収集の歴史

　世界最古のデータ記録方法は，棒に刻み目を入れた月日の経過や，地面に柱を立てた至点の日の出の記録でしょう。しかし，文書作成技術の発展とともに，人類は経験や出来事を記録することができるようになり，それに伴い，収集されるデータの量も大幅に増加しました。紀元前3200年頃，メソポタミアで人類最古の文字が誕生し，商業取引の記帳に使用されるようになりました。この種の記帳では，いわゆる「取引データ」が記録されます。取引データには，物品の販売，請求書の発行，納品，クレジットカードによる支払い，保険金請求，その他，取引に関連して行われることの情報が含まれます。人口統計データなどの「非取引データ」も同様に長い歴史があります。史上最古の国勢調査は紀元前3000年前後の古代エジプト王朝時代に実施されました。古代国家が大規模なデータ収集事業に多大な労力と資源を費やした理由は，国が増税と徴兵を必要としていたためです。かくして，この世で避けて通れないものは2つしかなく，それは「死と税金」だというベンジャミン・フランクリンの言葉は正しいといえるでしょう。

　この150年間で，電子センサーの発達，データのデジタル化，コンピューターの発明により，収集・格納されるデータの量は大幅に増加しました。1970年，エドガー・F・コッドが「関係データモデル」についての論文を発表し，（当時の技術の範囲で）データ格納，索引づけ，データベースからの検索方法につ

いて説明したのは，データ収集とデータ格納の歴史において画期的な出来事でした。関係データモデルによって，ユーザーはデータの基礎構造やデータの物理的な格納場所について心配することなく，必要なデータを定義する簡単なクエリを使用してデータベースからデータを抽出できるようになりました。コッドの論文は，現代のデータベースの基礎となり，データベース照会を定義する国際規格である「構造化照会言語（SQL）」の開発につながりました。関係データベースは，インスタンスごとに 1 行，属性ごとに 1 列というように，表（テーブル）形式でデータを格納します。自然な属性に分解できるこの構造は，データの格納に理想的です。

　構造化された取引データ，つまり「運用」データ（企業の日常業務を通じて生成されるデータ）の格納と検索のための技術としてデータベースが用いられるようになったのは，ごく自然な成り行きでした。しかしやがて，企業の規模が大きくなりオートメーション化が進むにつれ，さまざまな部署で生成されるデータの量と種類が大幅に増加します。1990 年代に入ると，企業は膨大な量のデータを蓄積しているにもかかわらず，データの分析に手を焼くという問題が繰り返されていることに気づくようになります。問題の一つは，データが一つの組織内に無数に存在する個別のデータベースに格納されていることでした。また，主にデータの格納と検索のため，すなわち「選択」，「挿入」，「更新」，「削除」などの単純な操作が頻繁に行われる

前提でデータベースが最適化されていることも問題でした。データを分析するため，企業は分散した複数のデータベースからデータを集めて照合し，より複雑な分析データを容易に運用できるような技術を求めていました。この業務上の課題が，「データウェアハウス」の開発につながりました。データウェアハウスでは，組織全体から集めたデータが統合されるため，より包括的なデータセットを用いた分析が可能になります。

　この数十年で機器のモバイル化やネットワーク化が進み，多くの人がインターネットでの，ソーシャルテクノロジー，コンピューターゲーム，メディアプラットフォーム，ウェブ検索エンジンの使用に，毎日多くの時間を費やしています。こうした技術や人々の生活スタイルの変化は，収集されるデータの量に劇的な変化をもたらしました。文字による記録方法の発明から2003年までの約5000年の間に収集されたデータの量は，およそ5エクサバイトと推定されます。2013年以降，人類はこれと同じ量のデータを「毎日」生成し，保存しています。そして，収集されるデータの量だけでなく，データの種類も激増しました。現在，オンラインでは，電子メール，ブログ，写真，ツイート，いいね！，シェア，ウェブ検索，動画のアップロード，オンラインショッピング，ポッドキャストなどからデータが収集されています。これらのイベントのメタデータ（生データの構造と特性を説明するデータ）について考察することで，「ビッグデータ」という用語の意味が理解できるようになります。

ビッグデータの特性は，しばしばVで始まる三つの英単語で表現されます。すなわち,「Volume（超大容量）」,「Variety（多様なデータ型）」,「Velocity（処理速度）」です。

　ビッグデータの台頭により，新たなデータベース技術の開発が促進されました。新世代データベースは「NoSQLデータベース」と呼ばれ，一般に，そのデータモデルは従来の関係データベースより単純です。NoSQLデータベースは，「JavaScript Object Notation（JSON：ジェイソン）」などのオブジェクトを記述する言語を用い，属性をもつオブジェクトとしてデータを格納します。データのオブジェクト記述を使用する利点は（関係テーブルをベースとしたモデルとは対照的に），各オブジェクトの属性一式がオブジェクト内に埋めこまれるため，柔軟な記述が可能になることです。例えば，この種のデータベースでは，他のオブジェクトと比較して，一つのオブジェクトに属性のサブセット一式のみ紐づけられます。これとは対照的に，関係データベースで使用される標準的な表形式のデータ構造では，すべてのデータポイントが同じ属性の集合（すなわち，列）を持つ必要があります。この柔軟なオブジェクト記述は，（その多様性またはデータ型により）データを構造化された属性の集合に自動的に分解できない場合に真価を発揮します。しかし，フリーテキスト（ツイートなど）や画像など，記述に使用される属性の集合を特定するのが難しいケースを考えてみると，柔軟な記述手法により，さまざまな形式でデータをキャプチャ，

格納できたとしても，分析をするには，構造化された形式でデータを抽出する必要があります。

またビッグデータの出現は，新しいデータ処理フレームワークの開発にも寄与しました。大容量のデータを高速で処理する際，複数のサーバーにデータを分散して各サーバーがクエリを部分的に計算し，その結果を統合してクエリへの応答を生成することは，計算および速度の観点から有益であるといえます。これはHadoop上の「MapReduce（マップリデュース）」フレームワークに採用されているアプローチです。MapReduceフレームワークでは，データやクエリを複数のサーバーに割り当て（分散），各サーバーで計算された結果を集めて体系的にまとめます（統合）。

データ分析の歴史

統計とは，データの回収や分析を扱う科学分野です。本来「統計」という用語は，人口統計データや経済データなど，国家に関するデータの収集と分析を意味するものでしたが，時代の流れとともに，統計分析が適用されるデータの種類が増加したため，今日では統計を使用してあらゆる種類のデータ分析が行われています。統計分析の最もシンプルな形態は，「要約」（「記述」）統計に関するデータセットの要約です（「算術平均」などの中心傾向や「範囲」など変動の測度などが含まれます）。しかし，17世紀から18世紀にかけて活躍したジェロラモ・カル

ダーノ，ブレーズ・パスカル，ヤコブ・ベルヌーイ，アブラーム・ド・モアブル，トーマス・ベイズ，リチャード・プライスらの研究によって確率論の基礎が築かれ，19世紀には多くの統計学者が分析の一手法として確率分布を用いるようになりました。このような数学分野の新たな展開により，統計学者は記述統計学の枠組を越えて「統計的学習」に取り組めるようになりました。ピエール＝シモン・ラプラスとカール・フリードリヒ・ガウスの二人は，19世紀における最も重要かつ著名な数学者であると同時に，統計的学習と現代のデータサイエンスに重要な貢献を果たしました。ラプラスはトーマス・ベイズとリチャード・プライスが説く直観的洞察に着目し，現在では「ベイズの定理」として知られる原理の最初のバージョンに発展させました。ガウスは正確な位置が確認できない準惑星ケレスを探索する過程で「最小二乗法」を考案しました。最小二乗法によって，適合性の誤差がデータセットのデータポイントとモデルの差の二乗値の和にまで最小化されるという，データセットに最適なモデルの特定が可能になりました。最小二乗法は「線形回帰」や「ロジスティック回帰」などの統計的学習の基礎を築いただけでなく，人工知能分野における「人工ニューラルネットワーク」モデルの開発にも貢献しました（最小二乗，回帰分析，ニューラルネットワークについては，第4章で詳しく説明します）。

　ラプラスとガウスが統計的学習の分野に貢献した1780年か

ら1820年までの間，ウィリアム・プレイフェアというスコットランド出身の技術者が統計グラフを発明し，現代の「データ可視化」および「探索的データ分析」の基礎を築きました。プレイフェアは時系列データを示す「折れ線グラフ」と「面グラフ」，カテゴリが異なるものの数量の比較を図で示す「棒グラフ」，そして，ある集合の範囲内での割合を視覚化する「円グラフ」を考案しました。量的データを可視化する利点は，データを要約，比較あるいは解釈する際に，効果的かつ視覚的な機能を活用できることです。確かに，膨大な(多数のデータポイントを持つ)データセットや複雑な(多数の属性を持つ)データセットの可視化は困難ですが，データの可視化はデータサイエンスの重要な要素です。とりわけ，データサイエンティストが取り組んでいるデータの検索や理解に役立つため，重宝します。また可視化はデータサイエンスのプロジェクトの結果を伝えるうえでも有益です。プレイフェアの時代以降，データを可視化するさまざまなグラフは着実に進歩し，今日でも大規模かつ多次元のデータセットを可視化する新たなアプローチの開発に向けた研究が進められています。最近になって，「t分布型確率的近傍埋めこみ法(t-SNE)」というアルゴリズムが開発されました。これは高次元データを2次元または3次元に変換するのに役立つアルゴリズムであり，その結果データの可視化が容易になります。

　20世紀に入っても確率論と統計学は引き続き発展しました。

具体的には，カール・ピアソンが仮説検定を考案し，また，R・A・フィッシャーは「多変量解析」による統計的技法を考案し，事象の相対的確率をもとに結論を導き出す手法として，「最尤推定」という概念を統計的推論に取り入れました。第二次世界大戦時のアラン・チューリングの研究は電算機の発明につながり，統計学に多大な影響を及ぼしました。電算機の使用によって，はるかに複雑な統計計算が可能になったためです。1940年代およびそれに続く数十年間で，今現在もデータサイエンスの世界で広く使用されている重要な計算モデルが数多く開発されました。1943年，ウォーレン・マカロックとウォルター・ピッツが世界初の「ニューラルネットワーク」の数理モデルを提唱しました。1948年には，クロード・シャノンが『通信の数学的理論』を発表し，「情報理論」が誕生しました。1951年，エブリン・フィックスとジョセフ・ホッジズが「判別分析」（今でいう「分類」または「パターン認識」の課題）モデルを提唱し，現在の「近傍モデル」の基礎を築きました。戦後期のこれらの発展の集大成として，1956年にダートマス大学の研究室で「人工知能」の分野が確立されました。人工知能開発のこの初期の段階においてすでに，コンピューターがデータから学習できるようにするプログラムについて説明するために「機械学習」という用語が使われるようになりました。1960年代半ばに入ると，機械学習の発展に寄与する三つの重要な出来事が起こりました。1965年，ニルス・ニルソンは著書『Learning Machines』のな

かで,分類のために線形モデルを学習する際に,ニューラルネットワークがどのように使用できるか解説しました。翌1966年にはアール・B・ハント,ジャネット・マーティン,フィリップ・J・ストーンの3人が概念学習システムの枠組みを構築しました。これはデータから決定木モデルをトップダウン式に導き出すもので,数ある重要な機械学習アルゴリズム群の原型となりました。期を同じくして,多くの研究者が現在ではデータ(顧客)セグメンテーションで標準的に使用されるk平均法クラスタリングアルゴリズムの初期バージョンを独自に開発,発表しています。

　機械学習分野は,現在のデータサイエンスの中核をなすものであり,興味深く役に立つ可能性のあるパターンを抽出するために,大規模なデータセットを自動的に分析できるアルゴリズムを提供します。機械学習はまさに今に至るまで日々発展し,変革を続けてきました。これまでの機械学習の開発のなかでも特に重要なものとして,「アンサンブルモデル」と「ディープラーニングニューラルネットワーク」が挙げられます。アンサンブルモデルでは,個々のモデルがそれぞれのクエリを選出するという,複合的なモデル(または「コミッティ学習」)を用いて予測を実行します。ディープラーニングニューラルネットワークは複数の層(3層以上)のニューロンを持つネットワークです。ネットワーク内の深い層では,複雑な属性の記述(その前の層で処理された相互に作用する複数の入力属性で構成さ

れる）を発見，学習し，ネットワークに入力データ全体を一般
化するパターンを学習させます。複雑な属性を学習する能力が
備わっているため，ディープラーニングネットワークは特に高
次元のデータ処理に適しており，「マシンビジョン」や「自然言
語処理」など，数々の分野に大変革をもたらしました。

　データベースの歴史を振り返りながら考察してきたように，
エドガー・F・コッドの関係データモデル，それに続くデータ
の生成と格納の爆発的な増加に象徴される1970年代初頭は現
在のデータベース技術の黎明期であり，1990年代のデータ
ウェアハウス技術の開発，さらにはつい最近のビッグデータの
時代の到来が続きました。しかし，実際にはビッグデータの出
現よりもはるか前の1980年代後半から1990年代前半には，
大規模なデータセットの分析を対象とした研究が必要であるこ
とはわかっていました。データベース界で「データマイニング」
という用語が使われはじめたのも，この時期です。すでに述べ
たとおり，このニーズに対する一つの回答がデータウェアハウ
スの開発でした。しかし，別の研究分野に手を広げることで，
これに対処したデータベース研究者もいました。1989年，グ
レゴリー・ピアテツキー＝シャピロは「データベースからの知
識発見（KDD）」に関する第1回目のワークショップを開催し
ました。第1回KDDワークショップにおける発表文は，この
ワークショップが，大規模なデータベースの分析という課題に，
いかにして学際的アプローチで対処したかを如実に示してい

ます。

特にデータベースが大規模な場合，データベースからの知識
発見によって多くの興味深い問題が提起されます。通常，その
ようなデータベースには重大な発見を可能にするような専門分
野の知識が，かなり多く含まれているものです。大規模なデー
タベースへのアクセスは高くつきます。そこで，サンプリング
やその他の統計手法が必要となります。最終的には，エキスパー
トシステム，機械学習，インテリジェントデータベース，知識
獲得支援ツール，統計など，複数の分野をまたいで利用できる
さまざまなツールやテクニックを活用して，データベースから
知識が得られます[1]。

実際，「データベースからの知識発見」と「データマイニング」
という用語は，同じ概念について述べたものです。違いは，デー
タマイニングが実業界で主に使用されることが多い一方，KDD
は学術界で一般的に使用されているということです。今日，こ
れらの二つの用語はしばしば同じ意味で用いられ[2]，一流の学
術会議の多くでは，両方とも使用されています。事実，この分
野で最も権威ある学会は「知識発見とデータマイニングに関す
る 国 際 会 議（International Conference on Knowledge
Discovery and Data Mining）」という名称です。

データサイエンスの出現と発展

「データサイエンス」という用語は，1990年代後半，大規模

なデータセットの計算分析に数学的な厳密さを導入するため，統計学者とコンピューターサイエンティストが協力する必要があるのではないかという議論が重ねられるにつれ，注目されるようになりました。1997年に開催されたＣ・Ｆ・ジェフ・ウーの公開講義『統計＝データサイエンス？』では，巨大データベースの大規模／複雑なデータセットの利用可能性，計算アリゴリズムやモデルの利用拡大など，将来有望な統計傾向がいくつか取りあげられました。統計の名称を「データサイエンス」と変更すべきであるとの提言をもって，ウー氏は講義を締めくくりました。

　2001年，ウィリアム・S・クリーブランドが大学でのデータサイエンス学科の創設に向けた行動計画を発表しました（出典：ウィリアム・S・クリーブランド　2001年）。計画ではデータサイエンスには数学とコンピューターサイエンスの連携が必要であるという点が力説されました。さらに，データサイエンスが賢明な努力を必要とする学際的な活動として理解されること，また，どのようにデータサイエンティストが各分野の専門家と協力して研究を進めるべきかという二つの点が強調されました。同年，レオ・ブレイマンが『Statistical Modeling: The Two Cultures』（2001年）を発表しました。ブレイマンはこの論文の中で，データがどのように生成されるかを説明する（隠された）確率データモデル（線形回帰など）の特定をデータ分析の主な目的とするデータモデルの文化として，従来の統計

に対するアプローチを特徴づけています。またブレイマンは，このデータモデル文化を（データがどのように生成されるかの説明ではなく）正確な予測モデルを作成するコンピューターアルゴリズムの使用に重点を置くアルゴリズムモデルの文化と比較しています。「データを説明するモデルに統計の観点から焦点を当てること」と「正確にデータを予測できるモデルにアルゴリズムの観点から焦点を当てること」を区別し，統計学者と機械学習研究者の根本的な違いを強調しています。いまだにこの二つのアプローチをめぐる議論は統計の世界で続いています（例えば，ガリット・シュムエリ　2010年を参照）。総じて，今日のデータサイエンスのプロジェクトの多くは正確な予測モデルの構築という機械学習のアプローチを採用する傾向が強く，データの説明に統計の観点から焦点を当てることにはさほど関心が払われなくなっています。つまり，データサイエンスは統計に関する議論で頻繁に話題にのぼり，依然として統計の手法やモデルを取り入れてはいるものの，時代の流れとともにデータサイエンスを利用するデータ分析に独自のアプローチが確立されていきました。

　2001年以降，統計の再評価をはるかに超えたレベルでデータサイエンスの概念が普及しました。例えば，過去10年間のオンラインアクティビティ（インターネットショッピング，ソーシャルメディア，オンライン上の娯楽など）によって生成されたデータの量は飛躍的に増加しました。データサイエン

ティストは，データサイエンスのプロジェクトで使用するために
このようなデータを収集し，準備する過程で，外部のウェブ
ソースから（時には構造化されていない）データを取得し，一
つにまとめ，不要なデータを削除するためのプログラミングや
ハッキング技術を開発する必要に迫られました。また，ビッグ
データの出現はHadoopのようなビッグデータ技術を扱う能
力がデータサイエンティストに求められることを意味しまし
た。実際，今日のデータサイエンティストの役割は多岐にわた
り，それをこなすために必要とされる専門性とスキルをどのよ
うに定義すべきかについて議論が続いています[3]。とはいって
も，図1のようにこの役割にふさわしいと大多数の人が納得す
る専門性とスキルをリストアップすることは可能ですが，一人
の人間がここに列挙するすべての領域をマスターすることは難
しく，実際，ほとんどのデータサイエンティストは，その領域
の一部分においてのみ，深い知識を持ち本当の意味での専門性
を発揮しています。しかしながら，それぞれのデータサイエン
スのプロジェクトに対し，各個人が各分野の専門性を活かして
貢献できることを理解し，意識することは大切です。
データサイエンティストには，それぞれ専門分野があります。
ほとんどのデータサイエンスのプロジェクトは，現実社会にお
けるそれぞれの分野独自の問題と，その問題に対処するための
データに基づいたソリューションを考案する必要が生じること
により，発足します。そのため，データサイエンティストは問

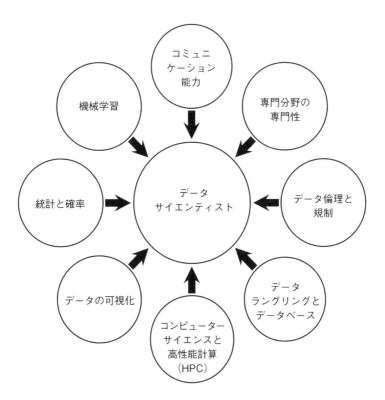

図1　データサイエンティストに求められるスキルセット

題を認識し，なぜそれが重要かを理解し，どのようにすればデータサイエンスによるソリューションを組織のプロセスに適用できるかを理解できるほど，その分野に精通している必要があります。データサイエンティストが最適なソリューションを特定しようとするとき，この専門性が道しるべの役割を果たします。

さらにデータサイエンティストは専門性を活用することで実際に特定の分野の専門家と協力し合って，根本的な問題について適切な知識を引き出したり，理解を深めることができます。また，データサイエンティストにある特定の分野のプロジェクトの経験があれば，その分野と同じまたは関連した専門分野の類似するプロジェクトの焦点や範囲を決定するのにも役立ちます。

　データはすべてのデータサイエンスのプロジェクトの中心になります。しかし，組織がデータにアクセスできるからといって，合法的にデータを使用できる，または，倫理にかなったデータ使用をしているとは限りません。多くの司法管轄区は，データ利用の使用を制限し管理するための差別禁止法や個人データ保護法などの法律を制定しています。そのため，データサイエンティストはこのような法規制を理解し，さらに広義には，合法的かつ適切なデータの使用が求められている場合，自分の取り組んでいる仕事の倫理的な意味合いを認識できなければなりません。第6章で再びこの話題を取りあげ，データ利用に関する法規制とデータサイエンスに関連した倫理上の問題点について詳細に論じます。

　ほとんどの組織では，データのかなりの部分はその組織のデータベースよりもたらされます。さらに，組織のデータアーキテクチャが肥大化すると，データサイエンスのプロジェクトでは一般に「ビッグデータソース」と呼ばれるさまざまな外部

データソースからデータを取り入れるようになります。このようなデータソースから得られるデータの形態は多岐に及びますが、通常、関係データベース、NoSQLデータベース、Hadoopなどのデータベースの形式をとります。さまざまなデータベースやデータソースに含まれるこれらすべてのデータを、統合、クレンジング、変換、正規化する必要があり、そのような作業は、「抽出、変換、読みこみ」、「データマンジング」、「データラングリング」、「データフュージョン」、「データクランチング」など、さまざまな名称で呼ばれています。ソースデータ同様、データサイエンスによって生成されたデータについても保存と管理が必要です。そしてこの場合も、これらの活動によって生成されたデータの典型的な格納場所はデータベースです。その理由は、データベースに保存することで、データを組織内の各部署へ容易に配布、共有できるためです。したがって、データサイエンティストにはデータベース内のデータを処理、操作するスキルが求められます。

　データサイエンティストにコンピューターサイエンスに関する種々のスキルとツールがあれば、ビッグデータを処理し、新しい有意義な情報に加工できます。「高性能計算（HPC）」では、一台のコンピューターから得られる以上の高い性能を引き出すために計算能力が統合されます。多くのデータサイエンスのプロジェクトでは、極めて大規模なデータセットや高度な計算能力を要する機械学習アルゴリズムを取り扱います。このような

状況では，高性能計算のリソースにアクセスし，それを使用するスキルがデータサイエンティストに備わっていることが大変重要です。高性能計算を扱うスキル以外にも，ウェブデータを取得し，クレンジングし，統合するだけでなく，構造化されていないテキストや画像を処理したり，加工するスキルがデータサイエンティストに求められていることはすでに説明しました。それに加えて，データサイエンティストは，最終的に所定のタスクを実行するために社内向けのアプリケーションを開発したり，処理対象のデータやドメイン向けに既存のアプリケーションを改造,微調整することがあります。そして,コンピューターサイエンスのスキルには,機械学習モデルを理解,開発し,組織の本番環境でのアプリケーション，分析またはバックエンドアプリケーションに統合するスキルも含まれます。

　データをグラフ形式にすると，そのデータが示唆している現象を視覚的に見て理解しやすくなります。データの可視化はデータサイエンスのすべての段階に適用されます。表形式でデータを確認すると，外れ値や分布傾向，時間の経過に伴う微小な変化を見落としがちですが，適切なグラフ形式で表示すると，そのような要素も一目でわかります。データの可視化は重要かつ発展途上の領域であり，効果的なデータ可視化の原理と専門技術に関する優れた入門書として，エドワード・タフティ著『The Visual Display of Quantitative Information』（2001 年）とスティーヴン・フュー著『Show Me the Numbers: Designing

Tables and Graphics to Enlighten』(2012)の2冊をお薦めします。

　初期段階のデータ収集や調査に始まり，プロジェクト中に生成されたさまざまなモデルや分析結果の比較に至るまで，データサイエンスのプロセスを通じて統計や確率の手法が使われます。また機械学習では，パターンを検出するためにデータを処理する際に，さまざまな種類の高度な統計・電子計算技術が用いられます。機械学習の応用に取り組むデータサイエンティストは，自分で機械学習アルゴリズムを書き直す必要はありません。用途，導き出される結果が意味するもの，特定のアルゴリズムを実行することができるデータの種類など，機械学習アルゴリズムを理解することで，データサイエンティストは機械学習アルゴリズムを「グレーボックス＝内部構造を理解したうえで外部仕様に従い使用するツール」とみなすことができます。そうすることによってデータサイエンスの応用に集中し，さまざまな機械学習アルゴリズムを試し，自分が取り扱う科学的モデルやデータに最適なアルゴリズムを特定できます。

　そして最後に，優秀なデータサイエンティストに求められる最も重要な資質は，データが物語るストーリーを伝える能力です。そのストーリーによって，データ分析によって得た洞察や，プロジェクトを通じて構築されたモデルが組織のプロセスに適したものであるか，さらに組織の機能にどのような影響があるかを知ることができるでしょう。いかにすぐれたプロジェクト

であろうとも，アウトプットが活用され，その結果が技術的な知識を持たない人が理解でき，納得できるような形で伝えられない限り，実行する意味がありません。

データサイエンスが活用されるケース

現代社会のほぼすべての場面において，データサイエンスは意思決定を促します。以下に，データサイエンスの影響を説明する三つのケーススタディを紹介します。まずは消費財の販売会社が販売とマーケティングに活用する例，次に政府が保健衛生，刑事裁判，都市開発の改善に活用する例，そしてプロスポーツ団体が選手募集に活用する例です。

販売とマーケティングで活用されるデータサイエンス

アメリカのウォルマートはPOSシステムの使用，自社ウェブサイト上の顧客行動の追跡調査，自社および自社製品についてのソーシャルメディアのコメントの追跡などによって，顧客の嗜好に関する大規模なデータセットを利用しています。同社は10年以上にわたりデータサイエンスを活用し，店舗の在庫基準の最適化を図ってきました。よく知られる例として挙げられるのが，2004年，ハリケーン「チャーリー」の被害があった数週間後，当時の売上データ分析をもとに，ハリケーン「フランシス」の進路圏内に立地する店舗にストロベリー味のポップタルトを補充したというものです。つい最近の例としては，小売収益を増

加させるため，ソーシャルメディアの動向を分析したり，顧客に
商品を薦めるためにクレジットカードの使用記録を分析したり，
自社ウェブサイトでの顧客のオンライン体験を最適化し，パーソ
ナライゼーションを駆使して新製品を紹介するという観点から，
データサイエンスを活用しています。オンライン販売の10～
15％の売上増加は，データサイエンスの最適化によるものと同
社は分析しています（出典：デジレ　2015年）。

　マーケティング業界でアップセリング（より高額な商品を売
る手法），クロスセリング（抱き合わせ販売）として知られる
手法は，インターネットの世界では「レコメンダーシステム」
と呼ばれます。Netflix（ネットフリックス）で映画を観たり，
アマゾンで商品を購入した経験がある人ならば，次にどんな映
画を観たり，どの商品を購入すべきかアドバイスするために，
ウェブサイトが消費者から収集したデータを使用していること
はご存知でしょう。このようなレコメンダーシステムは，さま
ざまな方法で消費者を誘導するように設計することもできま
す。例えば，超大作やベストセラー作品を紹介する場合もあれ
ば，その消費者の好みにぴったり合うようなニッチな作品を推
薦することもあります。クリス・アンダーソン著『ロングテー
ル　「売れない商品」を宝の山に変える新戦略』では，制作と
配給のコストが低くなったことで，少数のヒット作を多くの視
聴者に売りこむ手法から数多くのニッチな作品を比較的少数の
視聴者に届ける手法に市場が移行している点が指摘されていま

す。ヒットした超大作を売りこむか，それともニッチな作品を
薦めるかという選択肢の間でどのように折り合いをつけるかと
いう問題は，レコメンダーシステムの基本的設計を決定づける
ものであり，システムに実装されるデータサイエンスのアルゴ
リズムに影響を及ぼします。

データサイエンスを活用する政府

　近年，各国の政府はデータサイエンスを導入する利点につい
て認識するようになりました。例えば，2015年，アメリカ政
府はD・J・パティル博士を初代チーフデータサイエンティス
トに任命しました。アメリカ政府が指揮する最大規模のデータ
サイエンスのイニシアチブの一つとして，保健衛生分野のプロ
ジェクトがあります。データサイエンスは，がんムーンショッ
ト[4]と精密医療イニシアチブにおいて，中核的な役割を担って
います。精密医療イニシアチブでは，ヒトゲノム解析とデータ
サイエンスを融合させ，患者一人ひとりに合わせた医薬品の開
発を目指します。このイニシアチブの一環としてオールオブア
ス研究プログラム[5]が挙げられます。これは100万人以上のボ
ランティアから環境，ライフスタイル，生物学に関するデータ
を集め，世界最大規模のデータセットを構築するという取り組
みです。またデータサイエンスは，都市整備手法に革命を起こ
しています。環境・エネルギー・輸送システムの追跡，分析管
理や長期的な都市計画に必要な情報を得るために，データサイ

エンスが活用されています(出典：キチン　2014年a)。保健
衛生とスマートシティに関しては第7章で改めて触れ，今後数
十年で人々の暮らしの中でデータサイエンスがどれほど重要な
役割を担うようになるかついて考察します。

　アメリカ政府の警察データイニシアチブ[6]はデータサイエン
スの活用に焦点を当て，警察が地域社会のニーズを理解するの
を支援します。また，データサイエンスは犯罪多発地域や再犯
率の予測にも使用されています。しかし，市民の自由を擁護す
る団体は，刑事裁判の領域でのある種のデータサイエンスの活
用について異議を唱えています。第6章では，データサイエン
スによって生じたプライバシーや倫理に関する問題について詳
しく論じます。この議論の興味深い要素として，個人のプライ
バシーとデータサイエンスについて人々が主張する意見が，そ
の論じる分野により異なる点が挙げられます。公的資金を受け
た医療研究において個人データを利用することに賛成する人の
多くが，個人データを警察の活動や刑事裁判に利用することに
対してはまったく違う意見を述べています。第6章では，生活，
健康，車，家，旅行保険料を決定するうえでの個人データやデー
タサイエンスの利用についても論じます。

プロスポーツのデータサイエンス

　ブラッド・ピット主演の映画『マネーボール』(ベネット・ミ
ラー監督　2011年)は，現代のスポーツ分野でデータサイエ

ンスの利用が広がりを見せていることに注目した作品です。野
球チームのオークランドアスレチックスがいかにデータサイエ
ンスを活用して選手獲得の方法を改善したかという実話をもと
にした同名の原作を映画化したものです（マイケル・ルイス
2004年）。球団の経営陣は，選手の打率など従来重視されて
いた統計より，一人ひとりの選手の出塁率や長打率を示す統計
のほうが攻撃を成功させるために有益な属性であることに気づ
きました。この洞察によって，アスレチックスは選手名簿の中
で過小評価されている選手を採用し，予算を抑えることに成功
しました。データサイエンスを利用したアスレチックスの成功
は，野球界に大革命を巻き起こし，今では他球団の多くが同様
のデータ重視戦略を選手補充プロセスに組みこんでいます。

　マネーボールの話は，競争の激しい市場において，いかにデー
タサイエンスが組織に優位性をもたらせるかということを証明
する非常にわかりやすい例です。しかし，純粋なデータサイエ
ンスの見地からすると，この話の最も重要なポイントは，時に
データサイエンスの真の価値は，有益な属性の特定にあること
に着目した点です。データサイエンスの価値はデータの処理を
通じて導き出されるモデルにあると一般的には信じられていま
す。しかし，ある対象領域の重要な属性さえわかれば，データ
駆動型モデルをつくりだすのは，実に簡単です。成功の鍵は，
適切なデータの取得と適切な属性の特定です。『ヤバい経済学
―悪ガキ教授が世の裏側を探検する』の中で，スティーヴン・

D・レビットとスティーブン・ダブナーは多岐にわたる問題の実例を挙げながら，そのことの重要性を説いています。二人がいみじくも表現したように，現代生活を理解する鍵は「評価する対象と評価方法を知ること」（2009年，2014年）です。データサイエンスを活用することで，データセットの重要なパターンが解き明かされ，そのパターンによって対象領域の重要な属性が明らかになります。これほどまで多岐にわたる領域でデータサイエンスが利用される理由は，対象となる領域の種類を問わないからです。適切なデータを取得し，問題を明確に定義できれば，あとはデータサイエンスの出番です。

なぜ，今なのか？

　昨今のデータサイエンスの成長には，いくつかの要因が寄与しています。すでに述べたとおり，組織が比較的容易にデータを収集できるようになったためビッグデータが出現しました。POS取引記録，オンラインプラットフォームのクリック，ソーシャルメディアへの書きこみ，スマートフォンのアプリ，あるいはその他の無数の手段を通じて，今や企業は以前よりずっと内容の濃い個人顧客プロファイルを構築できるようになりました。別の要因は，経済規模が大きくなったことで，データ記憶装置の商品価値が低下して容易に入手できるようになり，かつてないほどデータ格納にかかる費用が安くなったことです。また，コンピューターの性能も飛躍的に向上しました。本来，グ

成功の鍵は，
適切なデータの取得と
適切な属性の特定です。

ラフィックカードやグラフィック処理ユニット (GPU) はコンピューターゲームで高速のグラフィックレンダリングを実行する目的で開発されました。GPUの際立った特長は，高速行列乗算を実行できる点です。しかし，行列乗算はグラフィックレンダリングに限らず機械学習でも役に立ちます。近年，GPUが機械学習向けに改造・最適化され，データ処理やモデル学習の大幅な効率向上に貢献しました。使い勝手の良いデータサイエンスツールも入手できるようになり，データサイエンスの敷居が低くなりました。つまり，これらの発展のおかげで，データを収集，格納，処理する作業がかつてないほど簡単になったというわけです。

　この10年間で，機械学習の分野にも大きな進展がありました。とりわけディープラーニングの出現は，コンピューターの言語データや画像データの処理方法に革命を起こしました。「ディープラーニング」とは，ネットワーク内の多層構造の装置で構成されるニューラルネットワークモデルの特徴を説明する用語です。ニューラルネットワーク自体は1940年代から存在しますが，大規模で複雑なデータセットの処理と，学習用の大量のコンピューティング資源を取りこむ際に本領を発揮します。つまり，ディープラーニングの台頭はビッグデータや演算能力の発展と密接に関わっているのです。さまざまな専門領域を超えたディープラーニングの影響はまさに桁外れといえます。

　イギリスのディープマインド社が開発したコンピュータープ
ログラムであるアルファ碁[7]は、いかにディープラーニングが
研究分野を変革してきたかを説明するのにちょうどいい例で
す。囲碁は約3000年前に中国で誕生したボードゲームです。
囲碁のルールはチェスよりずっと単純です。対局者は交互に盤
上に碁石を並べ、敵の碁石を奪ったり、自分の石で敵の陣地を
囲んで勝ちを目指します。しかし、囲碁の単純なルールと比較
的大きめの盤の使用によって、チェスと比べて数えきれないほ
ど多くの碁石の組み合わせが碁盤の上で可能になります。実際、
理論上はこの世に存在する原子の数を上回る数の碁盤配置が可
能です。この理由からコンピューターにとって囲碁はチェスと
比べると格段に難易度が高いゲームといえます。なぜなら、探
索空間がずっと広く、可能性のある碁盤配置を一つ一つ検証す
るのが難しいためです。ディープマインドの開発チームは、
ディープラーニングモデルを用い、アルファ碁に碁盤の配置を
評価し、次の一手を選ばせる機能を搭載しました。その結果、
アルファ碁はコンピューターとして世界ではじめてプロの棋士
を打ち負かしました。2016年3月には、囲碁世界大会優勝18
回を誇る李世乭（イ・セドル）を破り、世界で2億人を超える
人々がその対局を視聴しました。ディープラーニングが囲碁に
もたらす影響という観点で見ると、2009年までは世界最高レ
ベルと評価された囲碁コンピュータープログラムでも、せいぜ
い上級アマチュア棋士の下位レベルと同程度というのが定評で

したが，そのわずか7年後，アルファ碁は世界チャンピオンを破りました。2016年，世界で最も権威ある学術科学誌『ネイチャー』誌にアルファ碁の背後にあるディープラーニングのアルゴリズムを解説した論文が掲載されました（出典：シルバー，ホアン，マディソン他　2016年）。

　また，ディープラーニングは，一般に浸透している消費者向け技術にもはかり知れない影響を与えてきました。現在，フェイスブックは顔認証や，利用者同士のオンラインの会話をもとにして個人に直接，広告を表示するためのテキスト分析にもディープラーニングを活用しています。アメリカのグーグルと中国の百度（バイドゥ）は画像認識，キャプショニングや検索，機械翻訳などにディープラーニングを利用しています。アメリカのアップルのバーチャルアシスタント（AIアシスタント）Siri（シリ），アメリカのアマゾンドットコムのAlexa（アレクサ），アメリカのマイクロソフトのCortana（コルタナ），韓国のサムスン電子ののBixby（ビックスビー）は，ディープラーニングに基づく音声認識機能を備えています。現在，中国の華為技術（ファーウェイ）は中国市場向けのバーチャルアシスタントを開発中で，ディープラーニングの音声認識システムも採用する予定です。第4章－機械学習入門編では，ニューラルネットワークとディープラーニングについてさらに詳しく解説します。しかし，ディープラーニングは重要な技術発展ですが，データサイエンスの発展という点で最も意義深いのは，前述したよ

うな世間の注目を集めるサクセスストーリーの結果得られる，データサイエンスの可能性と利点についての意識向上と組織の賛同ではないでしょうか。

データサイエンスにまつわる神話

　データサイエンスは現代組織に多くの便益をもらしていますが，それにまつわる誇大広告的な要素も多分に持ち合わせています。そこで，データサイエンスの限界について理解する必要があります。最も大きな神話の一つが，データサイエンスは自動プロセスなので，データ任せにしても問題の解答が見つかるというものです。現実には，データサイエンスには複数の処理段階を通じて熟練した人間が監視する必要があります。問題の特定，データの設計・準備，最適な機械学習アルゴリズムの選択，分析結果の批判的解釈，分析で明らかになった洞察をもとに適切な措置を講じるための計画立案などの作業には，人間の分析が不可欠です。経験を積んだ人間の洞察がなければ，データサイエンスのプロジェクトの目標は達成されません。ゴードン・リノフとマイケル・ベリーが述べているように，データサイエンスの世界では，人間の専門知識とコンピューターの性能が融合してはじめて，最高の成果が得られます。すなわち，「データマイニングではコンピューターに一番得意なことをさせる。それは膨大なデータを詳細に調査することだ。次に人間が一番得意なことをする。つまり問題を定義し，結果を解釈す

る作業だ」(2011年3月)。

　データサイエンスの普及と利用の増加が意味するのは，能力の
ある人間の分析者を見つけだし，採用することが多くの組織に
とって目下の最大の課題であるということです。データサイエン
スの分野においては優秀な人材は非常に需要が高く，このような
人材の確保がデータサイエンス業界における最大の障壁になって
います。この人材不足について具体的にいうと，2011年に発表
されたマッキンゼーグローバルインスティテュートの報告書によ
ると，アメリカではデータサイエンスと分析のスキルを有する人
材が14万人から19万人不足すると予測され，さらにデータサイ
エンスの結果を適切に調査し，解釈できるというレベルでデータ
サイエンスや分析プロセスを理解している管理者にいたっては，
それをはるかに上回る150万人の不足がみこまれています(出
典：マニイカ，チュイ，ブラウン他　2011年)。5年後の2016
年の同機関の報告書では，応用の範囲が大幅に広がるなか，
データサイエンスの潜在的価値は計り知れないほど大きい
が，依然として人材不足は解消されず，短期的には25万人の
データサイエンティスト不足が予測されるといいます(出典：
ヘンケ，バギン，チュイ他　2016年)。

　データサイエンスにまつわる二つ目の大きな神話は，すべて
のデータサイエンスのプロジェクトにはビッグデータが必要で，
ディープラーニングを活用しなければならないというものです。
概してデータ量は多いほど役には立ちますが，「適切な」データ

を入手することのほうがより重要です。データサイエンスのプロジェクトを実施する組織の多くが，グーグルや百度，マイクロソフトなどの大企業と比べてデータや演算能力の点で著しくリソースが不足する傾向にあります。比較的小規模なデータサイエンスのプロジェクトの例として，月100件程度の保険金請求を処理する保険会社，学生数が1万人に満たない大学の中退者の予測，会員数が数千人の組合の脱会者の予測などがあります。つまり，組織がデータサイエンスから恩恵を受けるにあたって，テラバイト（テラは1兆）規模のデータを処理する必要もなければ，膨大な量の計算リソースも必要ないのです。

　三つ目のデータサイエンスにまつわる神話は，昨今のデータサイエンスソフトウェアは操作が容易で，いつも簡単にデータサイエンスを実行できるというものです。確かにデータサイエンスのソフトウェアの使い勝手が良くなってきているのは事実です。しかし，この使いやすさにより，データサイエンスを適切に実行するには，データの属性と複数の機械学習アルゴリズムに基づく仮説についての適切な専門知識と専門性の両方が求められるという点が見落とされがちです。実際，データサイエンスはよく間違ったやり方で実施されてきました。人生における他のすべてのことと同じように，データサイエンスを実行する際，自分がやることを理解できなければ，失敗します。データサイエンスの危険なところは，人間が技術を畏怖するあまり，ソフトウェアが示す結果を無条件に受け入れてしまうことで

す。しかしそのような結果は，知らず知らずのうちに誤ったやり方で問題を特定しり，間違ったデータを入力したり，不適当な仮説に基づいた分析手法を使用して導き出されたものかもしれません。ソフトウェアが示す結果が，そもそも誤った質問に対する答えであったり，間違ったデータや間違った計算に基づいている可能性も否めません。

　最後に挙げるデータサイエンスにまつわる神話は，データサイエンスはすぐに結果を出してくれるというものです。この考えが正しいかどうかは，組織の状況によります。データのインフラストラクチャの開発やデータサイエンスの専門知識を持つスタッフの採用という観点からいえば，データサイエンスの導入にはかなりの投資が必要になる可能性があります。そのうえ，データサイエンスを導入したからといって，あらゆるプロジェクトで良い結果が得られるという保証はありません。データの中に隠れていた有益な洞察を発見できなかったり，分析によって明らかになった洞察に基づき行動できるような立場に組織が置かれていない場合も考えられるでしょう。しかし，十分に理解された業務上の問題が歴然と存在し，かつ，適切なデータや人間の専門知識が利用できるという状況であれば，データサイエンスから，（多くの場合）組織の成功に欠かせない競争優位性をもたらす，実務において役立つ洞察が得られます。

データとは何か？
そしてデータセットとは何か？

　その名が示すように，データサイエンスは基本的にデータに
依存します。最も基本的な形では，データ（datum），つまり
情報の断片は，現実の世界に存在するもの（人，モノ，事象）
を抽象化したものです。「変数」，「特性」，「属性」という用語
はしばしば同じ意味で使用され，それぞれの要素を抽出化した
ものを指します。通常，それぞれのエンティティはいくつもの
属性によって説明できます。例えば，1冊の書籍には著者，タ
イトル，トピック，ジャンル，出版社，価格，発行日，文字数，
章の数，ページ数，版，国際標準図書番号（ISBN）といった属
性があります。

　データセットはエンティティの集合に関するデータで構成さ
れ，それぞれのエンティティは一組の属性によって説明できま
す。最も基本的な構成では[1]，一つのデータセットは「分析レ
コード」と呼ばれる$n \times m$データ行列から成り，nはエンティ

ティの数（行），m は属性の数（列）を表します。データサイエンスでは「データセット」と「分析レコード」という用語はしばしば同じ意味で使用され，分析レコードは一つのデータセットの特殊な表記です。表1は古典文学作品のデータセットの分析レコードを示します。表の各行は，それぞれの本を説明しています。データサイエンスの文献では，行について説明する際，「インスタンス」，「例」，「エンティティ」，「オブジェクト」，「ケース」，「個体」，「レコード」などの用語が使われます。一つのデータセットには一組のインスタンスが含まれ，それぞれのインスタンスは一組の属性で説明されます。

　分析レコードの構築は，データサイエンスでは必須の条件です。実際，データサイエンスのプロジェクトの実施にあたっては，時間や労力のほとんどが分析レコードの作成，クリーニング，更新に費やされます。多くの場合，多種多様なソースからの情報を一つにまとめることで分析レコードを構築します。データは，複数のデータベース，データウェアハウス，さまざまな形式（スプレッドシートやcsvファイルなど）のコンピューターファイルから抽出されたり，ウェブまたはソーシャルメディアのストリームから集められます。

　表1のデータセットは4冊の本をリスト形式で示しています。単に行のラベルであり分析には使用されないID属性を除き，それぞれの本はタイトル，著者，発行年，装丁，版そして価格という六つの属性を用いて説明されます。それぞれの本に

表1 古典文学作品のデータセット

ID	タイトル	著者	発行年	装丁	版	価格
1	エマ	オースティン	1815年	ペーパーバック	第20版	5.75ドル
2	ドラキュラ	ストーカー	1897年	ハードカバー	第15版	12ドル
3	アイヴァンホー	スコット	1820年	ハードカバー	第8版	25ドル
4	さらわれたデービッド	スティーブンソン	1886年	ペーパーバック	第11版	5ドル

関する属性を増やすことも可能ですが, データサイエンスのプロジェクト同様, データセットの設計にも取捨選択が必要です。この例では, ページの大きさとそこに収まる属性の数という制約がありました。しかし, 大部分のデータサイエンスのプロジェクトでは, 制約とは, 実際に収集できる属性と, 専門知識に基づき解決しようとしている問題に適切な属性との間でうまく折り合いをつけることです。データセットに余分な属性を含めると, それだけ費用がかさみます。具体的に説明すると, 第一に, データセットのそれぞれのインスタンスの属性情報を収集したうえでその品質を確認し, そのデータを分析レコードにまとめるには, 時間と手間がかかります。第二に, 不適切な, または重複する属性を含めると, データ分析に使用する多くのアルゴリズムのパフォーマンスに悪影響が及びます。一つのデータ

セットに多数の属性を含めると，データセット内でも特殊なインスタンスであるために統計的にあたかも意味があるように見える不適切な，または偽のパターンをアルゴリズムが検出する可能性が高くなります。いかにして適切な属性を選ぶかということは，すべてのデータサイエンスのプロジェクトに共通する課題であり，運が悪ければ，異なる属性のサブセットを用いて導き出した結果をその都度検証するという試行錯誤を繰り返すことになります。

　さまざまな種類の属性が無数に存在するため，それぞれの属性の種類に応じて異なる種類の分析を実行することが大切です。つまり，属性の種類を理解し，認識することこそ，データサイエンティストの基礎的なスキルといえます。標準的な種類は「数値」，「名義」そして「順序」の三つです。数値属性とは，整数または実数値を用いて表される測定値を示します。数値属性は「間隔尺度」または「比例尺度」のいずれかで測定できます。間隔尺度は，固定されているものの任意の間隔と任意の原点をもつ尺度で測定されます。例えば，日付や時間の計り方は間隔尺度です。順序づけや減法演算を適用するのが間隔尺度の適切な使い方です。それ以外の算術演算（乗法や除法など）には向いていません。比例尺度は間隔尺度に似ていますが，測定の尺度の原点は正確なゼロです。ここではゼロという値は何の数量も測定されていないことを意味します。比例尺度の原点が正確なゼロであれば，比例尺度上の値を別の値の倍数（または

比率）として表現できます。温度は間隔尺度と比例尺度の違い
を説明するのに非常にわかりやすい例です[2]。摂氏または華氏
での温度測定単位は間隔尺度です。なぜなら，どちらの単位で
も，ゼロという値は熱量がゼロであることを示すものではない
からです。つまり，二つの温度計に表示される温度の差を計算
したり，比較することはできても，摂氏20度の気温は摂氏10
度の倍暖かいことを意味するわけではありません。それとは対
照的に，絶対零度はあらゆる熱運動が停止する温度であると説
明できます。したがって，ケルビン温度目盛による測定単位は
比例尺度の例です。比例尺度測定としてよく知られている例と
して，他にも貨幣の数量，重量，高さや答案用紙の点数（0点
から100点の尺度）などがあります。表1の「発行年」という
属性は間隔尺度の属性であり，「価格」という属性は比例尺度
の属性です。

　名義（カテゴリーとしても知られる）属性は，有限集合の値
として表されます。この値は，事物のカテゴリー，等級または
状態の名称です（そのため，「名義」と呼ばれます）。名義属性
の例としては，婚姻関係の有無（独身，結婚，離婚の区別）やビー
ルの種類（エール，ペールエール，ピルズ，ポーター，スタウ
トなど）があります。バイナリー属性とは，可能性のある値が
二つだけに限られる特殊な名義属性です。例えば，バイナリー
属性が「スパム」だとすると，電子メールがスパムである（真）
かスパムではない（偽）か，「喫煙者」だとすれば，その人が喫

煙者である（真）か非喫煙者である（偽）かを表します。名義属性に順序づけや算術演算を適用することはできません。また，名義属性はアルファベット順に分類できますが，アルファベット順に配列することは順序づけとは異なる操作です。表1（p.57）では，「著者」と「タイトル」が順序属性になります。

順序属性は名義属性と似ていますが，名義属性では順序属性のカテゴリーを超えた順序づけができる点が異なります。例えば，あるアンケートの設問への回答を表現する属性は，「まったく好きでない，好きでない，どちらとも言えない，好き，とても好き」のような定義域のなかから選択された値となります。これらの「まったく好きでない」から「とても好き」までの値（あるいは，用いられる変換方式によってはその逆の順番になります）には，自然な順序づけがあります。しかし，順序データの重要な特性は，これらの値の間に等間隔という概念が存在しない点です。例えば，「まったく好きでない」と「どちらとも言えない」の間の認識距離は，「好き」と「とても好き」の間の距離とは違うかもしれません。結果的に，順序属性に算術演算（平均値の算出など）を適用するのは不適切です。表1の例では，「版」の属性が順序属性です。名義属性と順序属性の間の線引きは常に明確とは限りません。例えば，天気を表現し，「晴れ」，「雨」，「くもり」などの値をとることができる属性を考えてみましょう。値の間に自然な順序づけが存在しないという理由から，これは名義属性だと考える人もいれば，「くもり」

は「晴れ」と「雨」の中間だから，順序属性であると考える人も
いるでしょう(出典：マーク・ホール，イアン・ウィッテン，
エイブ・フランク　2011年)。

　属性のデータの種類(数値，順序，名義)によって，データ
の分析と理解に用いることのできる手法が決まります。そのよ
うな手法には，属性の値の分布を説明するために用いられる基
本的な統計と，属性同士の相関性のパターンを特定するために
用いられるさらに複雑なアルゴリズムの使用という二つのタイ
プがあります。最も基本的なレベルの分析では，数値属性によ
る算術演算が可能になります。，また，数値属性に適用される
一般的な統計分析とは，中心傾向(属性の中間値を使用)と属
性値のばらつき(分散統計または標準偏差統計を使用)を測定
することです。しかし，名義属性や順序属性に算術演算を適用
しても意味がありません。そこで，この種の属性の基本的な分
析には，データセットにそれぞれの値が出現する回数を数えた
り，それぞれの値の出現率を計算する作業，あるいは，その両
方の作業が伴います。

　データは抽出プロセスを通じて生成されるため，どのような
データにも人による決定と選択の結果が反映されます。抽出作
業のたびに，誰か(または複数の人)が，何をどこから抽出す
べきか，などのカテゴリーや測定を抽出された表現のなかで使
うべきかについて決定しているはずです。これが意味するのは，
データは決して世界を客観的に表現するものではないというこ

属性のデータの種類
（数値，順序，名義）によって，
データの分析と理解に
用いることのできる
手法が決まります。

とです。実際はむしろその逆で,データは常に部分的で偏っています。アルフレッド・コージブスキーが述べたように,「地図は実際の領土を示すものではない。しかし,もしそれが正確だとすれば,その有用性の理由を説明する領土とよく似た構造をしている」(1996年,p.58)のです。

　つまり,データサイエンスに使用するデータは現実世界に実在する物や,人類が理解しようとしているプロセスを完璧に表現できるわけではありませんが,使用するデータを注意深く設計,収集すれば,分析結果を通じて現実世界の問題の解決に役立つような洞察がもたらされるといえます。第1章で紹介した映画『マネーボール』のストーリーは,多くのデータサイエンスのプロジェクトの成功を決定づける要因が特定の専門分野で使用する正確な抽出結果(属性)を見つけだすことであるということを説明するのに,うってつけの例です。『マネーボール』のストーリーでカギになっているのは,オークランドアスレチックスという球団が,選手の攻撃面での成功を予測するにあたって,選手の打率など従来の野球の統計より,むしろ出塁率と長打率を属性として使用するほうが有益だという判断をした点です。選手を表現するのにこれまでとは異なる属性を使用したことで,アスレチックスは他のチームとは一線を画す,優れた野球モデルの構築に成功し,それによって過小評価されていた選手を見いだし,少ない予算で規模の大きな球団と競えるようになりました。

　『マネーボール』のストーリーは，一昔前のコンピューターサイエンスの「ゴミを入れれば，ゴミが出てくる」という格言がデータサイエンスにも当てはまることを示しています。計算処理に用いる入力値に誤りがあると，その処理から得た出力も当然誤ったものになります。実際，次に述べる二つのデータサイエンスの特性はいくら強調してもしすぎることはありません。つまり，（ａ）データサイエンスを成功に導くには，データの生成方法に多大な注意を払う必要がある（データ抽出を設計する際の取捨選択と，抽出プロセスによって得られるデータの品質という両方の点で），（ｂ）データサイエンスの処理によってもたらされた結果が「意義あるものかどうか判断する」必要がある，ということです。コンピューターがデータのなかからあるパターンを検出したからといって，それが分析に値する本当の意味での洞察を特定するものであるとは限りません。そのパターンは単に，データの設計，キャプチャした際の偏りによるものかもしれません。

データの見方

　データの種類（数値，順序，名義）の他にも，データを区別するのに役立つ手法はいくつもあります。そのうちの一つが「構造化」データと「非構造化」データの区別です。構造化データとは表形式で保存できるデータを指し，表内のすべてのインスタンスが同じ構造です（すなわち，属性の集合で構成されま

す）。一例として，人口統計データを見てみましょう。人口統計データでは，テーブルのそれぞれの行が一人の人を表し，同じ人口統計上の属性（氏名，年齢，生年月日，住所，性別，学歴，職業，その他）の集合で構成されます。構造化データは，他の構造化データと一緒に簡単に格納，整理，検索，並べ替え，統合できます。また，データサイエンスを構造化データに適用するのも比較的簡単です。なぜなら，定義上，すでに構造化データは分析レコードへ統合するのに適した形式になっているためです。非構造化データは，データセットのそれぞれのインスタンスが内部構造を持つデータであり，この構造は必ずしもすべてのインスタンスで同じとは限りません。例えば，ウェブページのデータセットについて考えてみましょう。ウェブページの構造は1ページごとに異なります。非構造化データのほうが，構造化データよりもはるかに多いのです。人間が書くテキスト（電子メール，ツイート，ショートメッセージ，投稿，小説など）は非構造化データとみなされます。音声，画像，音楽，動画，マルチメディアファイルについても同じです。それぞれの要素の構造が異なるということは，未加工の状態では非構造化データの分析が難しいことを意味します。大抵の場合，人工知能（自然言語処理や機械学習など），デジタル信号処理，コンピュータービジョンの技法を利用して，非構造化データから構造化データを抽出することは可能です。しかし，このようなデータ変換プロセスの実施や検査は高額かつ時間のかかる作業であ

り，データサイエンスのプロジェクトに甚大な費用や遅延をもたらしかねません。

　属性はある事象や物についての生の抽出データとなることもあります。例えば，身長，電子メールに含まれる語数，室温，事象の起こった時間や場所などです。しかし，他のデータの断片からデータを「派生させる」こともできます。ここでは，一定期間におけるある企業の平均給与や室内気温の差について考えてみましょう。どちらの例でも，生データ（各従業員の給与，室温の記録）に関数を適用することで，元のデータセットからデータが派生します。多くの場合，データサイエンスのプロジェクトの真価は，問題についての洞察を提供する一つまたはそれ以上の重要な派生属性を見いだせることにあります。例えば，ある集団の中で肥満への理解を深め，ある人物が肥満であると特定する場合のその人物の属性を理解しようとする場合，まず，身長や体重といった個人に関する未加工の属性を詳しく調べることからはじめますが，しばらくこの件を調査すると，結局はボディマス指数（BMI）など，より多くの情報が得られる派生属性の設計をすることになるかもしれません。BMIとは，体重と身長の比率です。未加工の属性である「体重」と「身長」の間の「相互作用」を認識することで，肥満に関する情報量が増え，さらにこれらの二つの属性の一つをそれぞれ個別に考察すると，集団のなかで肥満リスクが高い人を発見しやすくなります。もちろんBMIは派生属性の重要性をわかりやすく説明す

るための単純な一例にすぎません。しかし，複数の派生属性によって問題についての洞察が得られ，それぞれの属性に2つ（あるいはそれ以上の可能性もあります）の追加の属性が伴うという状況を考えてみましょう。この状況では，複数の属性が互いに作用することで，本当の意味でのデータサイエンスの恩恵を受けられます。アルゴリズムが生のデータから派生属性を学習できるケースもあります。

　一般に，収集された「生のデータ」を説明する用語として，「捕捉データ」と「排出データ」があります（出典：キチン2014年a）。「捕捉データ」は，データ収集を意図した直接の測定や観察を通じて収集されます。例えば，調査や実験の第一の目的は，ある特別な事項に関する特定のデータの収集です。それとは対照的に，排出データは，データ捕捉以外の目的で生じたプロセスの副産物です。例えば，多くのソーシャルメディアテクノロジーの主な目的は，ユーザーを他の人とつなげることですが，画像が共有されたり，ブログが投稿されたり，ツイートがリツイートされたり，投稿が「いいね！」されるたびに，さまざまな排出データが生成されます。誰が共有したか，誰が閲覧したか，どのデバイスが使われたか，一日のどの時間帯か，閲覧，「いいね！」，リツイートした人数などです。同様に，アマゾンのウェブサイトの一番の目的は，ユーザーがサイトから商品を簡単に購入できるようにすることです。ところが，何か商品が購入されるたびに大量の排出データ，つまり，ユーザー

多くの場合，
データサイエンスの
プロジェクトの真価は，
問題についての洞察を提供する
一つまたはそれ以上の
重要な派生属性を
見いだせることにあります。

が買い物かごに入れた商品，サイト滞在時間，他にどのような
商品を閲覧したかなどのデータが生成されます。

　最もよく知られる排出データの一つに「メタデータ」があり
ます。簡単にいえば，メタデータとは他のデータについて説明
するデータのことです。エドワード・スノーデンがアメリカ国
家安全保障局（NSA）の通信監視プログラムPRISM（プリズ
ム）に関する文書を公開した際，NSAが市民の通話に関する
大量のメタデータを収集しているという事実が露呈しました。
これは，NSAが実際に市民の通話の内容を録音していたわけ
ではなく（盗聴ではない），通話時刻，受信者，通話時間など
の通話データを収集していたのです（出典：ポメランツ
2015年）。この種のデータの収集はそれほど不気味には感じ
られないかもしれませんが，スタンフォード大学が実施したメ
タフォンに関する調査では，通話のメタデータによって個人情
報が明らかになる可能性があるという，扱いに注意を要する種
類の洞察に焦点が当てられました（出典：メイヤー，マチュラー
2014年）。多くの組織が極めて明確な目的を持っているとい
う事実によって，ある人物とこのような組織との通話をもとに，
比較的容易にその人物に関する機密情報を引き出すことが可能
になります。例えば，メタフォンの調査の参加者のうちの数名
が，アルコホーリクス・アノニマス（1935年アメリカから始
まり，世界に広がったアルコール依存症の自助グループ），離
婚弁護士，性感染症専門医療機関に電話をかけました。また，

通話パターンによってもいろいろな情報が明らかになります。調査によるパターン分析は，通話パターンによって極めて機密性の高い情報が漏洩する可能性を示唆しています。

> 参加者Aは，地域の複数の神経学団体，専門薬局，希少疾患管理サービス，再発性多発性硬化症の治療目的のみに利用される製薬会社のホットラインに連絡した。（中略）参加者Dは3週間の間にホームセンター，錠前屋，水栽培用品販売業者，ヘッドショップ（ドラッグ使用者向けの喫煙具販売店）に電話をかけた（出典：メイヤー，マチュラー　2014年）。

従来，データサイエンスでは特に捕捉データに焦点を当ててきました。しかし，メタフォンの調査が示すように，隠された洞察を明らかにするために排出データを利用することができるのです。近年，特に顧客エンゲージメントの領域で，排出データの有用性が増しています。ここではさまざまな排出データセットを関連づけ，ビジネス利用のために詳細で中身の濃い個人顧客のプロファイルを作成し，それによって企業は特定の顧客に的を絞ったサービスを提供したり，マーケティングを展開できるようになります。事実，今日のビジネスの世界でデータサイエンスの成長を推進する要因の一つは，データサイエンスによって生み出される可能性のある，排出データのビジネス上

の価値を認識することです。

データは蓄積されても，知恵は蓄積されない！

　データサイエンスの目標は，データを活用して洞察や理解を得ることです。聖句に「知恵のはじめはこれである，知恵を得よ，あなたが何を得るにしても，悟りを得よ」（箴言4章7節，欽定訳）とあるように，聖書では知恵を追い求め，理解するように熱心に説いています。確かにこの助言は道理にかなっていますが，では一体どうやって人間は知恵を得ればよいのかという疑問が生じます。下の2行はT・S・エリオットの詩『岩のコーラス』の抜粋であり，知恵，知識，情報の階層について説いています。

　知識に埋もれて，知恵が見つからず，
　情報に埋もれて，知識が見当たらない。
　（出典：エリオット　1934年，96）

　エリオットの階層は，「DIKWピラミッド」として知られる知恵，知識，情報，データの構造的な関係の標準モデルをそっくりそのまま再現しています（図2を参照，p.72）。DIKWピラミッドでは，情報の下にデータが位置し，情報のうえに知識，さらに知識のうえに知恵が位置します。総じて階層の順序は世間一般の理解と一致しますが，一つの層から次の層に移動する

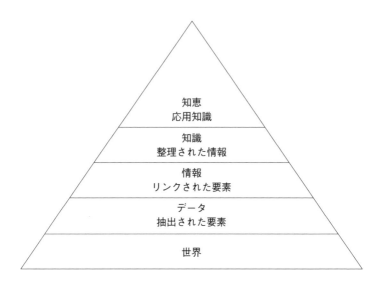

図 2　DIKW ピラミッド (出典：キチン　2014 年 a を編集)

のに必要とされるプロセスの差については，しばしば議論が
わかれるところです。しかし，おおむね，次のように説明され
ます。

データは，世界から抽出または測定されたものから生成されて
いる。
・情報は，人間にとって意味をもつように加工，構造化された，
　または，文脈や状況に当てはめられたデータ。
・知識は，人間の必要に応じてそれに基づいて行動できるよう

に，人間によって解釈および理解された情報。

・知恵とは，適切な方法で知識に基づき行動すること。

　さらに，データサイエンスのプロセスにおける活動も，同様のピラミッド階層を用いて表現できます。この場合，ピラミッドの幅は各層で処理されているデータ量を表し，ピラミッドの上層に行くにしたがって，活動結果は意思決定のうえで重要な役割を果たします。図3は，データ捕捉と生成にはじまり，データ処理と集計，データ理解と探索，機械学習を使用したパター

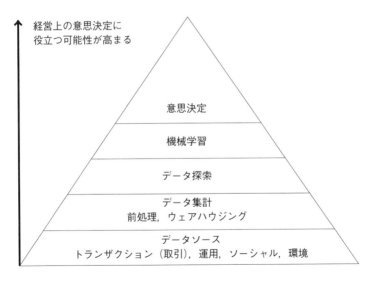

図3　データサイエンスのピラミッド
（出典：ハン，カンバー，ペイ　2011年を編集）

ン発見とモデル構築，さらにビジネスの文脈で展開されるデータ駆動型モデルを活用した経営上の意思決定の支援に至るまで，データサイエンス活動の階層を示しています。

CRISP-DMプロセス

　多くの人と企業が，データサイエンスのピラミッドを登る際のどのようなプロセスを踏めば最も成功するかを頻繁に提言しています。最もよく用いられるプロセスは，業種を超えたデータマイニングの標準化プロセス（CRISP-DM）です。実際，多岐にわたる業界調査でCRISP-DMは何年もの間定期的にナンバーワンの地位を独占してきました。CRISP-DMの大きな利点，つまりここまで広く普及した最大の理由は，どんなソフトウェア，ベンダーあるいはデータ分析手法の制約をも受けないことにあります。

　元々，CRISP-DMは一流のデータサイエンスベンダー，エンドユーザー，コンサルティング会社および研究者によって開発されました。CRISP-DMプロジェクトは当初，ESPRIT（ヨーロッパ情報技術研究開発戦略計画）プログラムをうけ，ヨーロッパ委員会が一部を出資していました。1999年のワークショップではじめてそのプロセスが発表されて以来，プロセスを更新・改訂するための数々の試みがなされてきましたが，いまだに最初のバージョンが使用されることが圧倒的に多いのが現状です。長年，CRISP-DMの専用サイトが存在しましたが，

近年になってこのウェブサイトが廃止され，このプロジェクトの最初の出資企業の一社であったIBMが運営するSPSSウェブサイトにリダイレクトされる場合があります。発足時のコンソーシアムは，プロセスについて順を追って解説した，76ページにわたる詳細な読みやすい手引き書を公開し，インターネット上で無料で閲覧できるようにしました（出典：チャップマン他　1999年）。しかし，プロセスの構造や主なタスクはわずか数ページにまとめることができます。

　CRISP-DMのライフサイクルは，図4（p.76）に示す通り「ビジネスの理解」，「データの理解」，「データの準備」，「モデリング」，「評価」そして「展開」の6段階で構成されます。すべてのデータサイエンス活動の中心にあるのはデータなので，CRISP-DM図表の中心にデータが位置しています。段階と段階を結ぶ矢印は，一般的なプロセスの流れを示します。プロセスはしっかりとした構造が定まっているわけではなく，データサイエンティストは必ずしも矢印の通りにこの6つの段階を進むわけではありません。つまり，データサイエンティストはそれぞれの段階の結果に応じて，前の段階に戻ったり，現在の段階をやり直したり，あるいは次の段階に進むことになります。

　ライフサイクルの最初の二つの段階，つまりビジネスの理解とデータの理解では，データサイエンティストは，企業のニーズや企業が利用できるデータを理解し，プロジェクトの目標を

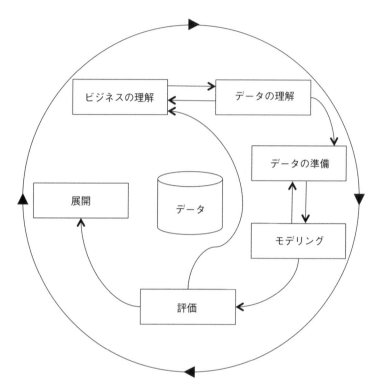

図4　CRISP-DM のライフサイクル
(出典：チャップマン, クリントン, カーバー, 他, 図2に基づく。1999 年)

明確にします。プロジェクトの最初の段階で，データサイエン
ティストは業務上の課題に集中する作業と利用できるデータを
探索する作業を頻繁に繰り返します。典型的には，この反復す
るプロセスでは，ビジネスの課題を特定した後，データ指向の

ソリューションを開発するために適切なデータが入手できるか
どうか模索することになります。データが入手可能であれば,
プロジェクトを進められます。そうでない場合,データサイエ
ンティストは別の課題を特定して取り組まなくてはなりませ
ん。プロジェクトのこの段階では,事業の中心となる部門(販
売,マーケティング,事業部など)の同僚やデータベース管理
者たちと何十回となく会議を重ね,業務上の問題を理解したり,
どのようなデータが入手可能かを確認します。

　データサイエンティストがビジネスの問題を明確に定義し,
適切なデータが使用できる状況にあることを確かめたところ
で,CRISP-DMの次の段階であるデータの準備に移ります。
データ準備の段階では,データ分析に使用できるデータセット
の生成が作業の中心です。一般的には,このデータセットの生
成には,数多くのデータベースからデータソースを統合する作
業が伴います。データウェアハウスを所有する組織の場合は,
このデータ統合は比較的単純です。データを生成後,データの
品質を検査し,修正します。典型的なデータ品質上の問題とし
て挙げられるのが,外れ値と欠損値です。データの誤差によっ
てデータ分析アルゴリズムの性能に深刻な影響が及びかねない
ため,データ品質の検査は極めて重要です。

　CRISP-DMの次の段階はモデリングです。この段階では,
自動アルゴリズムを使用してデータから有益なパターンを抽出
し,そのようなパターンをエンコードするためのモデルを構築

します。機械学習はこのようなアルゴリズムの設計に焦点を当てたコンピューターサイエンスの領域です。モデリングの段階では，通常データサイエンティストはさまざまな機械学習アルゴリズムを用いて，データセット上でいくつもの異なるモデルを学習させます。データ中の有益なパターンを見つけだし，そのパターンをエンコードするモデルを構築するためには，データセット上で機械学習アルゴリズムを実行し，モデルがデータセットについて学習できるようにします。場合によっては，データセット用にテンプレートのパラメーターを適切な値に設定し（データセットに線形回帰またはニューラルネットワークモデルを適用するなど），テンプレートモデルの構造をデータセットに適用することで，機械学習アルゴリズムを機能させます。または，区分的に（決定木の根の部分のノードからスタートして，一つのノードごとに決定木を生やしていくなど）機械学習アルゴリズムにモデルを構築させるケースもあります。大概のデータサイエンスのプロジェクトでは，機械学習アルゴリズムを用いて生成されたモデルが最終的には組織が展開するソフトウェアとなり，データサイエンスのプロジェクトで取り扱われている問題の解決を支援します。それぞれのモデルは多種多様な機械学習アルゴリズムで学習し，それぞれのアルゴリズムはデータ中の多種多様なパターンを探します。通常，プロジェクトのこの段階では，データサイエンティストはデータ中のどのパターンを探せば一番よいのかまではわかりません。ですから，

この状況では，いろいろなアルゴリズムを試し，データセット上で実行した場合にどのアルゴリズムが最も正確なモデルを構築するかといった実験をしてみることが合理的といえます。第4章では，さらに詳しく機械学習アルゴリズムとモデルについて紹介し，モデルの精度を評価するためのテスト計画の作成方法を解説します。

　大多数のデータサイエンスのプロジェクトでは，初回のモデルのテストによってデータに潜む問題が明らかになります。データサイエンティストがモデルのパフォーマンスが期待より低い理由を詳しく調べたり，あるいはその反対に，モデルの性能があまりにもよすぎて信憑性に欠けるという場合に，データの誤差が発覚します。または，データサイエンティストがモデルの構造を詳細に調査した結果，そのモデルが予想外の属性に依存していることに気づき，その結果，データを再検討して，これらの属性が正しくエンコードされているか確認します。そのような理由で，プロジェクトを進める際にプロセスの二つの段階を「モデリング，データ準備，モデリング，データ準備」のように何回も往復を繰り返すのは決して珍しいことではありません。例えば，ダンwスタインバーグとそのチームは，6週間かけてデータセットを10回再構築し，5週間データクリーニングと準備の反復を何度も繰り返した結果，データの重大なエラーを発見するに至ったと報告しています(出典：スタインバーグ　2013年)。もしこの誤差が発見されず，修正されな

かったら，プロジェクトは恐らく成功しなかったでしょう。

　CRISP-DM プロセスの最後の二つの段階である評価と展開では，生成されたモデルが事業とビジネスプロセスに見合ったものであるかという点に注目します。モデリングの段階で実施するテストでは，データセット用モデルの精度のみを見ます。評価フェーズでは，業務上のニーズによって明確に定義される，さらに広い文脈でのモデルの評価が実施されます。これは，モデルがプロセスのビジネス上の目的にかなっているか，モデルが妥当ではない場合，ビジネス上の理由があるのか，などを評価することです。また，データサイエンティストはプロセスのこの時点で，プロジェクトの活動に関する全体的な品質保証の見直しをするのもよいでしょう。何か忘れていることはないか，もっと改善できることはないか，などを再検討する良い機会です。評価フェーズでは，モデルの全般的な評価をもとに，生成されたモデルのいずれかを実際のビジネスで展開すべきか，それとも，より適切なモデルを構築するために CRISP-DM プロセスをもう一度繰り返す必要があるのかを決定します。評価プロセスを通じて（一つまたは複数の）モデルに及第点が出たと仮定して，プロジェクトはプロセスの最終段階である「展開」に移行します。展開フェーズでは，選択したモデルをどのようにビジネス環境に展開するかを検証します。またこのフェーズでは，そのモデルを組織の技術インフラやビジネスプロセスにどのように統合していくかということも計画します。現在の慣

行に無理なく適合するモデルが最良といえます。モデルが現在の慣行に適合していれば，当然，対象となるユーザーが存在することになります。こういったユーザーはすでにビジネス上の問題を明確に定義し，CRISP-DMプロセスを通じて生成されたモデルを利用して，その問題の解決を目指しているわけです。展開フェーズのもう一つの側面は，モデルのパフォーマンスを定期的に見直すための計画を立てることです。

　CRISP-DM図（図4，p.76）の外円は，全体のプロセスがどのように相互に影響を与え合うかという点にスポットライトを当てています。データサイエンスのプロジェクトに特有の反復的な性質は，ことによるとデータサイエンスをめぐる議論で見落とされがちな一面かもしれません。プロジェクトのモデルが開発され，展開された後，モデルが業務上のニーズに見合ったものかどうか，また，時代遅れになっていないかを検証するために定期的にモデルを見直す必要があります。データ志向のモデルが時代遅れになる理由はたくさんあります。業務上のニーズに変更が生じた，モデルがエミュレートし洞察を導き出したプロセスに変更が生じた（消費者行動の変化やスパムメールの手法が変わったなど），あるいは，モデルが使用するデータストリームに変更が生じた（モデルに情報を供給するセンサーが最新のものにアップデートされ，新しいバージョンのセンサーの表示方法が微妙に異なるため，モデルの精度が低下したなど）といった理由です。どのくらいの頻度でこの見直しを実施

するかは、ビジネスのエコシステムやモデルが使用するデータが進化するスピードに左右されます。プロセスを再検討するのに最適なタイミングを見極めるには、定期的なモニタリングが欠かせません。図4（p.76）に示すCRISP-DMプロセスの外円は、このことを示しています。例えば、データ、業務上の問題あるいは領域に応じて、毎年、四半期毎、毎月、毎週、または場合によっては毎日の頻度で、この繰り返しのプロセスを実行しなければなりません。図5はデータサイエンスのプロジェクトのプロセスのそれぞれの段階と、それぞれのフェーズで必要となる主なタスクを簡単に説明したものです。

　経験の浅いデータサイエンティストが犯しがちな失敗は、CRISP-DMにおいてモデリングに多大な労力を費やし、その他の段階を大急ぎで済ませてしまうことです。プロジェクトの最も重要な成果物はモデルなので、モデルを構築し、さらに精度を高めるために大部分の時間を費やすべきだと考えるかもしれませんが、熟練のデータサイエンティストは、プロジェクトの焦点が明確に定まっているか、適切なデータが揃っているかどうかの確認に、より多くの時間を割きます。データサイエンスのプロジェクトを成功させるためにデータサイエンティストは、プロジェクトが解決しようとしている業務上のニーズを明確に理解しなければなりません。だからこそ、プロセスのなかでも「ビジネスのニーズの理解」の段階は特に重要です。プロジェクトに使用する適切なデータの入手についてデータサイエ

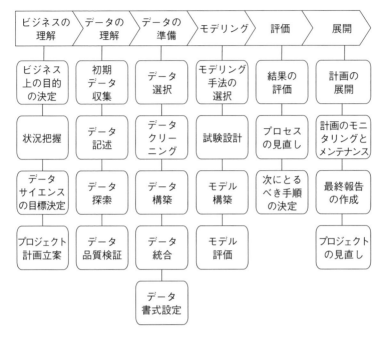

図5 CRISP-DM の段階とタスク
(出典:チャップマン, クリントン, カーバー他 1999 年 図3)

ンティストを対象に2016年に実施された調査によると, 79%
の時間がデータの準備に割かれていることが明らかになりまし
た。プロジェクトの主なタスクに費やされる時間の割合は次の
通りです。データセットの収集に19%, データのクリーニン
グと整理に60%, 学習データセットの構築に3%, パターン
を導き出すためのデータマイニングに9%, アルゴリズムの微

調整に4％，その他のタスク実行に5％（出典：クラウドフラワー‐人工知能（AI）の構築を支援するアメリカのコンサルティング会社　2016年）。データの収集，クリーニング，整理に費やされた時間を合計すると，データの準備にじつに79％が費やされている計算になります。プロジェクトの約8割の時間がデータ収集と準備に費やされるという事実は，業界の調査から何年も変わっていないことがわかっています。データサイエンティストはデータから洞察を導き出すために複雑なモデルを構築することに時間を費やしていると一般的には考えられているため，この結果に驚きの声があがることもあります。しかし実際のところ，データ分析がどれほど優れていても，適切なデータに適用されない限り，有益なパターンが見いだされることはありません。

第3章

データサイエンスのエコシステム

　データサイエンスの実施に使用される一連の技術は，組織ごとに異なります。組織が大きくなる，処理されるデータ量が多くなる，などの理由で，データサイエンスの活動を支援する技術のエコシステムは複雑になります。大抵の場合，このエコシステムには複数の異なるソフトウェアのサプライヤーが提供するツールやコンポーネントが含まれ，さまざまな形式のデータを処理します。組織が独自のデータサイエンスのエコシステムを築き上げる際には，多様なアプローチを採用できます。市販の統合ツールセットへの投資を決定することもあれば，複数のオープンソースのツールや言語を統合して，いわばカスタムメイドのエコシステムを構築することもあるでしょう。このような幅広い選択肢のなかの中間案として，市販品とオープンソース製品を組み合わせたソリューションを提供するソフトウェア会社もあります。ところが，特定のツールの組み合わせは組織

によって異なるとしても，大部分のデータサイエンスの基本設計にみられるコンポーネントには，共通点があります。

　図6は，典型的なデータ基本設計の概要を示しています。この基本設計はビッグデータ環境だけでなく，あらゆる規模のデータ環境に適用できます。この図表では，これは主に三つの部分，つまり，組織のすべてのデータが生成される「データソー

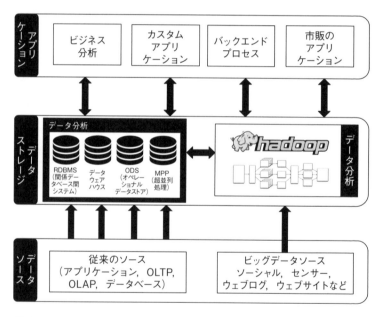

図6　データサイエンスにおける典型的なスモールデータおよびビッグデータの構造

（2013 年 4 月 23 日付 Hortonworks ニュースレターの図を参考。https://hortonworks.com/blog/hadoop-and-the-data-warehouse-when-to-use-which）

ス」，データが格納され，処理される「データストレージ」，デー
タの消費者とのデータの共有が行われる「アプリケーション」
で構成されます。

　すべての組織が，顧客や取引に関するデータや組織の運営方
法と関係するあらゆる事項に関する運用データを生成し，捕捉
するためのアプリケーションを持っています。そのようなデー
タソースやアプリケーションには，顧客管理，注文，製造，納
品，請求書作成，銀行取引，財務，顧客関係管理（CRM），コー
ルセンター，企業資源計画（ERP）のアプリケーションなどが
含まれます。この種のアプリケーションは一般にオンライン取
引処理（OLTP）システムと呼ばれます。多くのデータサイエ
ンスのプロジェクトでは，このようなアプリケーションのデー
タを使用して，機械学習アルゴリズムへの初期入力のための
データセットを構築します。時間の経過とともに，組織内のさ
まざまなアプリケーションによって捕捉されるデータ量はさら
に増加し，組織は，これまでは特に重要視されていなかったり，
捕捉されなかったり，以前は入手できなかったデータの捕捉を
はじめます。一般にこのような新しい種類のデータは「ビッグ
データソース」と呼ばれます。その理由は，組織が主に運用し
ているアプリケーションに対して，捕捉されるデータ量が著し
く多いためです。よく知られているビッグデータソースとして，
ネットワークトラフィック，さまざまなアプリケーションから
のログデータ，センサーデータ，ウェブログデータ，ソーシャ

ルメディアデータ，ウェブサイトデータなどが挙げられます。従来のデータソースでは，データは通常データベースに格納されます。しかし，例えばストリーミングデータのように，比較的最近になって登場したビッグデータソースと関連したアプリケーションは本来，長期間データを保存することを意図したものでないため，この種のデータの保存形式や構造はアプリケーションによって異なります。

　データソースの数が増えるにつれ，これらのデータを分析に活用できるようにしたり，組織全体で幅広く共有するといった課題の難易度も上がります。図6（p.88）に示すデータストレージ層は，通常一つの組織全体のデータ共有やデータ分析に用いられます。この層は2つの部分にわかれます。一つ目は大半の組織で使用されるデータ共有ソフトウェアを扱います。従来のデータ統合やストレージソフトウェアの最も有名な形式は，関係データベース間システム（RDBMS）です。こういった従来のシステムはしばしば組織のビジネスインテリジェンス（BI）ソリューションの基幹を成します。BIソリューションは使い勝手の良い意思決定システムであり，データ集計，統合，報告機能のほかに，分析機能を備えています。BIソリューションは，基本設計の成熟度に応じて，運用アプリケーションの基本的なコピーから，「オペレーショナルデータストア」（ODS），「超並列処理」（MPP）BIデータベースソリューションやデータウェアハウスに至るまで，さまざまな要素から構成されます。

　データウェアハウジングは，意思決定支援を目標とするデータ集計と分析のプロセスです。しかし，このプロセスでは主に，綿密に設計された集中型データリポジトリの構築に焦点を当てており，「データウェアハウス」という用語はこのデータリポジトリの意味で使われることがあります。この意味では，データウェアハウスはデータサイエンスの強力なリソースです。データサイエンスの観点から見ると，データウェアハウスを所有することの主な利点の一つは，プロジェクト期間を大幅に短縮できることです。すべてのデータサイエンスのプロセスの重要な要素はデータです。ですから，多くのデータサイエンスのプロジェクトにおいて，分析の前にデータの発見，集計およびクリーニングに大部分の時間と労力が費やされても驚くようなことではありません。企業のデータウェアハウスが利用できれば，多くの場合，それぞれのデータサイエンスのプロジェクトのためのデータの準備に費やされる労力と時間を大幅に節約できます。しかし，集中型データリポジトリを使わずにデータサイエンスを実施することもできます。集中型データリポジトリの構築は，複数の運用データベースから収集したデータを単一のデータベースにただ放りこめばいいというわけではなく，それ以上の作業が必要となってきます。

　複数のデータベースからのデータの統合では，ソースデータベース間の不整合を解消するために，しばしば煩雑な手作業が大量に発生します。データマッピング，統合およびデータベー

ス間のデータ移動の支援に使用される一般的なプロセスやツールを説明するために，抽出（Extraction）／変換・加工（Transformation）／書き出し（Load）（ETL）という用語が使用されます。データウェアハウスで実行される一般的な処理は，標準的な関係データモデルデータベースに通常適用される簡単な処理とは異なります。この処理の説明には，オンライン分析処理（OLAP）という用語が使われます。一般的にOLAPでは，履歴データの要約生成に焦点が当てられ，複数のソースからデータを集計します。例えば，次のようなOLAPリクエストをするとしましょう（ここでは誰もが理解できるように通常の表現で説明します）。「全店舗の売り上げを地域・四半期別に報告し，昨年の数字と比較する」。この例によって明らかになるのは，OLAPリクエストの結果は，私たちが標準的な営業報告書として思い浮かべるものによく似ていることが多いという点です。OLAPによってユーザーはウェアハウスのデータを小分けにして，より詳細に分析したり，回転させて，データを異なる角度から眺めることができます。OLAPはデータウェアハウスに構築された「データキューブ」と呼ばれるデータ表現を処理します。データキューブは，あらかじめ定義された固定の次元の集合を持ち，各次元はデータ固有の特徴を表現しています。先ほどのOLAPリクエストに必要なデータキューブ次元としては，例えば「店舗別の売上」，「地域別の売上」，「四半期ごとの売上」などがあります。データキューブを固定され

た次元の集合で使用する一番の利点は，OLAPの応答時間を短縮できることです。また，データキューブの次元はOLAPシステムに事前にプログラムできるため，システムはOLAPリクエストを定義する際には，使い勝手のよいグラフィカルユーザーインタフェースを提供できます。しかし，データキューブの表現により，事前に定義された次元を使用して生成できるクエリの集合に対し，OLAPを使用して実行できる分析の種類が制限を受けることもあります。それに比べてSQLは柔軟性のあるクエリインタフェースを提供します。また，OLAPシステムはデータ探索とレポートには役立ちますが，データモデリングやデータから自動でパターンを抽出することはできません。組織全体から収集されたデータをBIシステム内部で集計し，分析すれば，図6（p.88）のアプリケーション層の多岐にわたる消費者についての意見や情報としてこの分析結果を利用できます。

　二番目のデータストレージ層は，組織のビッグデータソースによって生成されたデータを管理します。この基本設計では，ビッグデータの格納と分析にHadoopプラットフォームが使用されます。HadoopとはApacheソフトウェア財団が開発したオープンソースのフレームワークで，ビッグデータの処理向けに設計されています。Hadoopはコモディティサーバーの複数のクラスタにわたる分散ストレージと分散処理を使用します。MapReduceプログラミングモデルを適用し，大規模なデー

タセットのクエリ処理の能率を上げます。MapReduceは,「分割／適用／組み合わせ」戦略を採用します。まず,（a）大規模なデータセットを小さな塊（チャンク）に分け,それぞれのチャンクをクラスタの異なるノードに別々に格納し,（b）すべてのチャンクに同時にクエリを適用し,（c）異なるチャンク上に生成された結果を一つにまとめ,クエリの結果を集計します。しかし,ここ数年,Hadoopプラットフォームは企業のデータウェアハウスの延長としても使用されています。当初,データウェアハウスは約３年分のデータを格納していましたが,今や10年分以上のデータを格納することができ,この期間はだんだん長くなってきています。しかし,データウェアハウスのデータ量が増えると,データベースやサーバーの格納容量と処理の量も増大します。これはつまり,かなり高額な費用がかかるということです。代替策としてストレージ用データウェアハウスの比較的古いデータをHadoopのクラスタに移動することが考えられます。例えば,データウェアハウスには短時間での分析やプレゼンで頻繁に使用する可能性の高い最近のデータ,例えば３年分に相当するデータを格納します。一方,古いデータや使用頻度の低いデータはHadoopに保存します。大半の企業レベルのデータベースにはデータウェアハウスとHadoopを接続する機能が備わっていて,データサイエンティストはSQLを使用することで,まるですべてのデータが一つの環境に保存されているかのようにデータウェアハウスと

Hadoopのデータを照会できます。照会の際にはデータウェアハウスのデータベースのデータの一部やHadoopのデータの一部へアクセスすることがあります。照会処理は自動的に二つの部分に分割され，それぞれが独立して実行されます。結果は自動的に統合され，データサイエンティストに返されます。

　データ分析は，図6（p.88）のデータストレージ層の両方のセクションで実行されます。データストレージ層の各セクションのデータのデータ分析が実行され，追加でデータ分析が実施されている間，セクション間で分析結果を共有できます。従来のソースから収集されるデータは比較的クリーンなデータであることが多く，ビッグデータソースから収集されるデータよりも内容も濃いものになっています。しかし，多くのビッグデータソースのボリュームやリアルタイムな性質により，従来のソース由来のデータからは得られない追加の洞察が得られることから，ビッグデータソースの準備や分析に費やされる労力に見合った成果があるといえます。いくつもの異なる研究分野（自然言語処理，コンピュータービジョン，機械学習を含む）をまたがって開発されるさまざまなデータ分析技術は，低密度で価値の低い非構造化ビッグデータを，高密度で価値の高いデータに変換する際に活用できます。さらに，このような価値の高いデータを従来のソースから収集した他の高価値データと統合し，さらにデータ分析を進めることができます。本章の解説や図6（p.88）は，データサイエンスのエコシステムの代表

的な基本設計を説明しており，規模の大小を問わず，ほとんどの組織に当てはまります。しかし，組織の規模が拡大すれば，データサイエンスのエコシステムも複雑になります。例えば，比較的規模の小さい組織にHadoopは不要かもしれませんが，規模の大きな組織にとって，Hadoopのコンポーネントは非常に重要です。

アルゴリズムからデータへの移行

　従来のデータ分析へのアプローチでは，さまざまなデータベースからのデータ抽出，データの統合，データクリーニング，データサブセット，予測モデルの構築作業が必要となります。ひとたび予測モデルが作成されれば，新しいデータに適用できます。第1章のおさらいですが，予測モデルは属性の欠損値を予測します。例えば，スパムフィルターは予測モデルの一種であり，電子メールの分類属性に「スパム」という値が含まれるか否かを予測します。予測モデルを新しいデータのインスタンスに適用し，欠損値を導き出す手法は，「データのスコアリング」として知られます。新しいデータをスコアリングした後，最終的な結果がデータベースに再び読みこまれ，それによって新しいデータを一部のワークフロー，ダッシュボードのレポート作成，またはその他の企業独自の評価に利用することができます。図7は，データを準備するための処理や分析のほとんどがデータベースやデータウェアハウスから独立したサーバー上で実行

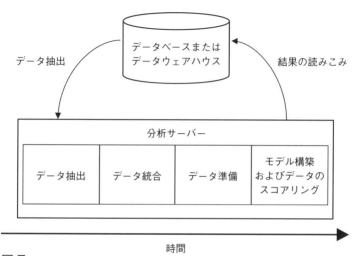

図7
従来の予測モデル構築およびデータのスコアリングプロセス

されることを示しています。したがって，単純にデータベースからデータを移動したり，データベースに結果を戻す作業だけでも，かなりの時間が費やされることがあります。

　ダブリン工科大学が実施した線形回帰モデルの構築に関する実験で，プロセスの各段階に費やされる典型的な時間が明らかになりました。およそ7割から8割の時間はデータ抽出と準備，残りの時間はモデル構築に費やされます。データのスコアリングに関しては，約9割の時間がデータ抽出とスコアリング後のデータをデータベースに保存し直す作業に費やされ，実際のスコアリングに費やされる時間はわずか1割です。この結果は，

約 5 万個から最高で 150 万個のレコードで構成されるデータセットを調査して得られたものです。

　企業向けデータベースのベンダーの多くは，データ移動に時間がかからなければ，全体的に時間を節約できることに気づき，データ分析機能と機械学習アルゴリズムをデータベースのエンジンに組みこむことでこの問題に対処してきました。この後のセクションでは，機械学習アルゴリズムがどのようにして現在のデータベースに統合されたか，Hadoop のビッグデータの世界においてデータストレージがどのように機能するか，さらに，この 2 つのアプローチをどのように組み合わせれば，機械学習の評価，分析および予測とリアルタイムの予測分析を実行するための共通言語として SQL を使用し，組織がすべてのデータを容易に扱えるようになるかを詳しく解説していきます。

従来のデータベースから，進化したデータベースへ

　データベースのベンダーは継続的にデータベースの拡張性，パフォーマンス，セキュリティおよび機能の開発に投資しています。現在のデータベースは従来の関係データベースと比べて格段に進化しており，さまざまな異なる形式でデータを格納，照会することができます。従来のリレーショナル形式に加え，オブジェクトの種類を定義したり，文書を保存したり，JSON オブジェクトや空間データなどを保存・照会することも可能です。また最新のデータベースには数多くの統計関数が組みこま

単純にデータベースから
データを移動したり,
データベースに結果を戻す
作業だけでも,
かなりの時間が
費やされることがあります。

れており，なかには大抵の統計アプリケーションに匹敵する数の統計関数が組みこまれているものもあります。例えば，Oracle Databaseには300種類を超える統計関数とSQL言語が組みこまれています。このような統計関数は，データサイエンスのプロジェクトで必要となる統計分析の大部分を処理し，R言語など他のツールや言語で使用できる統計関数のすべてではないにしても，そのほとんどが組みこまれています。組織のデータベースで利用できる統計関数を使用することで，SQLを使った，より効率的で拡張性の高いデータ分析が可能になります。さらに，主なデータベースのベンダー（オラクル，マイクロソフト，IBM，エンタープライズDBを含む）の多くは自社データベースに多数の機械学習アルゴリズムを統合してきました。このようなアルゴリズムはSQLを用いて実行することが可能です。データベースエンジンに内蔵され，SQLを用いて使用できる機械学習は「インデータベース機械学習」として知られます。インデータベース機械学習は，モデル開発期間の短縮，モデルとアプリケーションへの迅速な結果や分析ダッシュボードの展開を可能にします。インデータベース機械学習アルゴリズムの背後にあるアイデアは，次の指令で表されます。「データをアルゴリズムに移動するのではなく，アルゴリズムをデータに移動せよ」。

　インデータベース機械学習アルゴリズムを使用する主な利点は，以下のとおりです。

・**データの移動がない。**データサイエンス製品のなかには，データをデータベースからエクスポートして，特殊な形式に変換した後，機械学習アルゴリズムに入力する必要があるものがあります。インデータベース機械学習では，データの移動も変換も必要ありません。これによってプロセス全体が簡素化され，作業時間が短縮し，エラーが起こりにくくなります。

・**パフォーマンスの加速。**データベースで分析操作を実行したり，データを移動する必要がないため，データベースサーバーの計算処理機能を効率よく活用できるようになり，従来のアプローチに比べて最高100倍までパフォーマンスが高速化します。データベースサーバーの多くはハイスペックであり，10億を超えるレコードを含むデータセットを処理する多数の中央演算処理装置（CPU）と効率的なメモリ管理機能が備わっています。

・**高性能のセキュリティ。**データベースはデータベース内のデータへのアクセスを制御し，データベースを徹底的に検査するため，データの機密保護を維持しながらデータサイエンティストの能率を飛躍的に向上させます。またインデータベース機械学習では，他の分析サーバーへのデータを抽出，ダウンロードする際につきものの物理的なセキュリティリスクを回避できます。それとは対照的に，従来のプロセスでは組織内に分散し

た別々のサイロに多くのデータセットの(しかもバージョンが異なる可能性のある)コピーが作成されていました。

・**スケーラビリティ**。データベースに機械学習アルゴリズムを導入すれば，データ量の増加にしたがって，データベースの分析の規模を簡単に調整できます。データベースソフトウェアは大容量のデータを効率的に管理するように設計されているので，サーバー上の複数のCPUとメモリを活用することで，複数の機械学習アルゴリズムを並行して実行できます。また，データベースはメモリ内に簡単に収まりきらない大規模データセットも非常に効率的に処理します。データベースは40年以上かけて開発されてきたものであり，データセットの高速処理を保証します。

・**リアルタイムの展開と環境**。インデータベース機械学習アルゴリズムを使用して開発されたモデルは，すぐに展開でき，リアルタイム環境での使用が可能です。またこれによって，日常的に使用するアプリケーションとモデルの統合が可能になり，エンドユーザーと顧客にリアルタイムで予測を提供します。

・**実稼働環境への展開**。スタンドアロンの機械学習ソフトウェアを使用して開発したモデルは，企業アプリケーションに展開する前に他のプログラミング言語でコーディングし直さなけれ

ばならない場合があります。インデータベース機械学習の場合
はこのような作業は不要です。データベースの言語はSQLな
ので，あらゆるプログラミング言語やデータサイエンスのツー
ルでインデータベース機械学習を使用し，呼び出すことができ
ます。そのため，インデータベース機械学習モデルを実稼働環
境のアプリケーションに組みこむのも簡単です。

　現在，数多くの組織がインデータベース機械学習の利点を最
大限に活用しています。組織の規模は中小企業から，ビッグデー
タを生成,活用する大企業まで,さまざまです。以下にインデー
タベース機械学習技術を採用している組織の事例をいくつか紹
介します。

・金融サービス，不正利用検知・分析のプロバイダーであるア
メリカ企業Fiserv。以前は複数のベンダーのデータストレージ
と機械学習を利用していましたが，自社データベースの機械学
習のみの使用に移行しました。インデータベース機械学習の使
用によって，不正検出モデルの作成，更新，展開にかかる時間
が，約1週間からわずか数時間に短縮されました。

・84.51°（旧ダンハンビー USA）は，カスタマーサイエンス
企業です。多数の異なる分析製品を使用し，さまざまな顧客モ
デルを作成していました。データベースから自社の機械学習

ツールにデータを移動し，再び戻す作業に1か月当たり318時間以上，それに加えてモデルの生成にさらに1か月当たり67時間を費やしていました。自社データベースに機械学習アルゴリズムを使用しはじめてから，データの移動が不要になりました。データはそのままデータベースに残ります。すぐに月318時間以上の節減が実現しました。データベースを計算エンジンとして使用したことで，分析の規模調整が可能になり，機械学習モデルの生成や更新に1か月当たり67時間以上を費やしていたのが，1時間にまで短縮されました。これは，1か月当たり16日間の作業日数の短縮につながりました。今では同社は以前よりかなり短時間で分析結果を得て，顧客が商品を購入してすぐに，その結果に基づく広告表示ができるようになりました。

・ウォーゲーミングは，『World of Tanks』をはじめ，多くのゲームを制作しています。同社は1億2000万人を超える顧客とのやり取りのモデル化や予測にインデータベース機械学習を活用しています。

ビッグデータのインフラ

　従来（近代）のデータベースは信じられないほど効率的に取引データを処理できますが，ビッグデータの時代には他のすべての形式のデータの管理やデータの長期的な格納に新しいイン

フラが欠かせません。従来のデータベースは数ペタバイト（ペタは1000兆）までのデータを処理できますが，このデータの規模では，従来のデータベースを使ったソリューションの費用は法外になる可能性があります。この費用の問題はよく「垂直方向の拡張性の問題」といわれます。従来のデータパラダイムでは，妥当な期間内に組織が格納，処理するデータの増加とともに，より大容量のデータベースサーバーが必要となり，サーバーの設定やデータベースのライセンスにかかる費用も膨れあがります。組織にとって従来のデータベースを使用して毎日または毎週10億個のレコードを取り入れ，照会することは可能かもしれませんが，この規模で処理するには，必要なハードウェアの購入だけで10万ドル以上の投資が必要でしょう。

　HadoopはApacheソフトウェア財団が開発を手がけ，発売したオープンソースプラットフォームです。大容量のデータを効率よく取りこみ格納するのに定評のあるプラットフォームであり，従来のデータベースを使ったアプローチと比較して格段に費用を抑えられます。Hadoopでは，さまざまな方法でデータが分割，パーティション化され，Hadoopクラスタのノード全体に分散されます。Hadoopのプロセスと連動するさまざまな分析ツールがそれぞれのノードのデータを処理し（このようなデータがメモリ常駐型の場合もあります），並行してノード全体に対し分析が実行されるため，データの迅速な処理が実現します。データ抽出やETLプロセスは不要です。それ

ぞれの格納場所でデータ分析が実行されます。

　Hadoopはもっともよく知られたビッグデータ処理フレームワークですが，その他にも同種のものがあります。その他のビッグデータ処理フレームワークとして，Storm，Spark，Flinkなどが挙げられます。これらのフレームワークはすべてApacheソフトウェア財団のプロジェクトの一環として開発されました。違いは，本来Hadoopがデータのバッチ処理のために考案されたという点です。バッチ処理は，処理中にデータセットに動きがなく，処理結果をすぐに必要としない（あるいは，少なくとも特に時間的制約がない）場合に適切な処理です。Stormは，データストリームを処理するために設計されたフレームワークです。ストリーム処理では，ストリームの各要素がシステムにインプットされるたびに処理が実行され，したがって処理作業はデータセット全体ではなく，ストリームの個別の要素ごとに行われます。例えば，バッチ処理がデータセットの平均値を返すのに対し，ストリーム処理はストリームの各要素のラベルまたは値（ツイッターのストリームの各ツイートのセンチメントスコアの算出など）を返します。Stormはリアルタイムのデータ処理のために考案され，ウェブサイトによれば[1]，標準で1ノードにつき1秒間に100万タプル（組）を超えるデータを処理します。SparkとFlinkはともにハイブリッド型（バッチとストリームの両方）処理フレームワークです。基本的にSparkはHadoopに似た一括処理フレームワークで

すが，ストリーム処理能力も備えているのに対し，Flinkは一括処理にも使用できるストリーム処理ネットワークです。これらのビッグデータ処理フレームワークによって，データサイエンティストには自分のプロジェクトに固有のビッグデータ要件を満たすツールの選択肢が与えられますが，このようなフレームワークを利用する際は，データサイエンティストには，ここで，従来のデータベースとビッグデータのストレージという二つの場所でデータを分析しなければならないという問題が生じます。次のセクションでは，この問題にどのような対策が講じられているかを見ていきます。

ハイブリッド型データベースの世界

　もし組織のデータの容量や規模がHadoopが必要なほど大きくないとすれば，従来のデータベースソフトウェアさえあれば十分にデータを管理できます。しかし，Hadoopで利用できるデータストレージと処理ツールが，今後，多くの従来型のデータベースに取って代わると論じた研究報告書もあります。実際にこれが起こる可能性はかなり低く，つい最近いわゆる「ハイブリッド型データベース」でデータを管理する際に，よりバランスのよいアプローチを取ることについて議論が盛んに行われました。ハイブリッド型データベースの世界とは，従来のデータベースとHadoopが共存する世界です。

　ハイブリッド型データベースの世界では，組織のデータベー

スとHadoopに格納されたデータが接続し，連動することで，効率的なデータ処理，データ共有，そしてデータ分析が実現します。図8（p.110）は従来型のデータウェアハウスを示していますが，すべてのデータをデータベースまたはデータウェアハウスに格納する代わりに，大部分のデータがHadoopに移動されます。データベースとHadoopを接続することで，データサイエンティストはまるですべてのデータが一つの場所にあるようにデータを照会できます。データサイエンティストはデータベースウェアハウスに格納されている部分のデータに関して照会する必要がなく，また別の操作では，Hadoopに格納されたデータを照会することができます。これまでと同じようにデータを照会することが可能で，このソリューションでは，それぞれの場所の具体的にどの部分でクエリを実行する必要があるかがわかります。それぞれの場所のクエリ結果が一つにまとめられ，データサイエンティストに提示されます。同様に，データウェアハウスが拡大するにつれ，比較的古いデータのなかには以前に比べて照会頻度が低くなるものが出てきます。ハイブリッド型データベースのソリューションは，自動的により使用頻度の低いデータをHadoop環境に移動させ，逆に使用頻度の高いデータをウェアハウスに移動します。ハイブリッド型データベースは，アクセス頻度や実行されているデータサイエンスの種類に基づき，自動的にデータの格納場所のバランスをとります。

ハイブリッド型データベースは，
アクセス頻度や実行されている
データサイエンスの種類に基づき，自
動的にデータの格納場所の
バランスをとります。

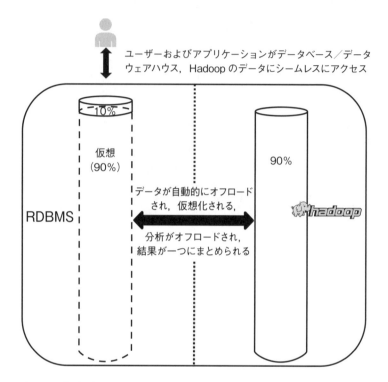

図 8　連動するデータベース，データウェアハウス，Hadoop
（Gluent データプラットフォーム白書の図を参考に作成，2017 年，
https://gluent.com/wp-content/uploads/2017/09/Gluent-Overview.pdf）

　このハイブリッド型ソリューションの利点の一つは，データサイエンティストが引き続き SQL を使ってデータ照会を実行できることです。データ照会のために別の言語を学ぶ必要もなければ，複数のツールを使う必要もありません。最近の傾向に

基づくと，近い将来，大手データベースベンダー，データ統合
ソリューションベンダー，そしてすべてのクラウドデータスト
レージベンダーがこのハイブリット型に似たソリューションを
採用するようになるでしょう。

データの準備と統合

　データ統合には，組織全体でデータに関する統一された見解
を導き出すために，異なるソースからデータを取得し，一つに
まとめる作業が伴います。そのような統合を説明する最適な例
として，診療記録が挙げられます。一人一人が診療記録を所有
し，すべての病院，医療機関，開業医が同じ患者識別子または
基準値，医療機能評価基準などを使用するのが理想的ですが，
残念なことに，ほぼすべての病院が独自の別個の患者管理シス
テムを採用し，臨床検査室もそれぞれ独自のシステムを運用し
ています。患者の記録を見つけ，それぞれの患者に正しい結果
を割り当てるのがどれほど困難か想像してみてください。しか
も，これは一つの病院が直面する難題です。複数の病院が患者
のデータを共有するシナリオでは，データの統合は極めて重大
な問題です。このような課題があるからこそ，CRISP-DMプ
ロセスの最初の三つの段階にデータサイエンスのプロジェクト
の時間の7割から8割が費やされ，しかもこの時間の大半が
データの統合にあてられるのです。

　データが構造化されていても，複数のデータソースからの

データ統合は困難です。しかし，比較的新しいビッグデータソースが含まれていて，非構造化データまたは半非構造化データが標準である場合，データ統合とアーキテクチャの管理にかかる費用が高額になる可能性があります。データ統合の困難さを説明する実例が顧客データです。顧客データは複数のアプリケーション（および各アプリケーションに対応するデータベース）で保存されることがあります。各アプリケーションにはそれぞれ微妙に内容が異なる顧客データが含まれます。例えば，内部データソースには顧客の支払い能力，顧客売上，支払い，コールセンターへの連絡情報などが含まれる場合があります。顧客に関する追加のデータが外部のデータソースから入手できるケースもあります。これに関連して，ある顧客の総合的な所見を作成するには，内部および外部ソースの両方からデータを抽出し，統合する必要があります。

典型的なデータ統合プロセスは，抽出，クリーニング，標準化，変換，統一されたバージョンのデータを作成するための最終的な統合といった，複数の段階から成ります。多くのデータソースはそのデータソースに特有のインタフェースを使用しない限りアクセスできないため，複数のデータソースからデータを抽出するのは困難です。そのため，データサイエンティストにはデータを入手するため，それぞれのデータソースとやり取りできる幅広い専門的な知識と技術が求められます。

データソースからデータを抽出したら，次はデータの品質を

確認しなければなりません。データクリーニングとは，抽出された データから破損したまたは不正確なデータを検知，クリーニングまたは除去するプロセスです。例えば，標準形式に変換するために顧客の住所に関する情報をクリーニングしなければならないかもしれません。加えて，データソースに重複するデータが存在する可能性があります。その場合，使用すべき正しい顧客記録を特定し，データセットから他のすべてのデータを消去する必要があります。同じデータセット内の値に整合性を持たせることが重要です。例えば，あるソースアプリケーションでは顧客の支払い能力の指標として数値が使用されますが，別のアプリケーションでは数値と文字の組み合わせが使用されるかもしれません。そのようなシナリオにおいて，どの値を使用するかについて決定する必要が生じ，その後，他の表現を標準化された表現にマッピングします。例えば，データセットの属性の一つを顧客の靴のサイズと想定します。顧客は世界中のどの国からでも靴を購入できますが，ヨーロッパ，アメリカ，イギリス，あるいはその他の国々で靴のサイズに使用される番号表示は微妙に異なります。データ分析やモデリングを実行する前に，これらのデータ値を標準化する必要が生じます。

　データ変換には，ある値から別の値にデータを変更する，またはデータを結合する作業が伴います。この作業には，データ平滑化，ビン分割，正規化，特定の変換のためのカスタムコード記述など，多種多様なテクニックが用いられます。データ変

換の典型的な事例は，顧客の年齢の取り扱いの際に見られます。多くのデータサイエンスのタスクでは，顧客の年齢を正確に区別することは有益とはいえません。通常，42歳と43歳の顧客の間に大きな違いはありませんが，42歳と52歳の顧客を区別することは有益といえるでしょう。したがって，しばしば顧客の年齢は未加工の年齢からおおよその年齢層に変換されます。年齢を年齢層に変換するこのプロセスでは，「ビン分割」と呼ばれるデータ変換テクニックが用いられます。技術的に見ればビン分割は比較的単純明快ですが，ここでの難関はビン分割に適用する最も適切な閾値（しきいち）範囲の見極めです。間違った閾値を適用すると，データ内で区別すべき重要な部分が曖昧になってしまいます。しかし，適切な閾値を知るには，専門分野に特化した知識または試行錯誤の実験的なプロセスが必要になります。

データ統合の最後の手順では，機械学習アルゴリズムへのインプットとして使用されるデータの作成が行われます。ここで作成されるデータは「分析ベーステーブル」として知られています。

分析ベーステーブルの作成

分析ベーステーブルを作成する際に最も重要な手順は，その後の分析に含まれる属性の選択です。専門分野の知識や属性間の関係性の分析をもとに属性を選択します。例として，あるサー

ビスの顧客に焦点を当てた分析をする際のシナリオを考えてみましょう。このシナリオでは，属性の設計や選択に必要な情報を提供し，かつ頻繁に使用されるこの分野の指標として，顧客の契約詳細，人口統計，用途，用途の変更，特殊な用途，ライフサイクル段階，ネットワークリンクなどがあります。さらに，他の属性と高い相関性があることが明らかになった属性は重複する可能性が高く，相関性のある属性のうちの一つを除外する必要があります。重複する特徴を取り除くことによって，より理解しやすく，簡潔なモデルが導き出され，さらに機械学習アルゴリズムがデータ内のまぎらわしいパターンを示すモデルを返す可能性も低くなります。選択された属性の集合は「分析記録」の範囲を定義します。通常，分析記録には生の属性と派生属性の両方が含まれます。分析ベーステーブルの各インスタンスは一つの分析記録として表現されるため，分析記録に含まれる属性の集合によって，その後分析が実行されるインスタンスの表現が明確に定義されます。

　分析レコードを設計後，分析のためのデータセットを作成するには，レコード一式を抽出し，集計しなければなりません。レコードを作成し，例えばデータベースに格納すると，このデータセットは一般に「分析ベーステーブル」と呼ばれます。分析ベーステーブルとは，機械学習アルゴリズムへのインプットとして用いられるデータセットを指します。次の章では機械学習について紹介し，データサイエンスの分野で最も普及している

第３章

機械学習アルゴリズムについて説明します。

第4章

機械学習ー入門編

　データサイエンスは，データサイエンティストとコンピューターの共同作業として理解するべきでしょう。第2章では，データサイエンティストが扱うプロセスとしてCRISP-DMライフサイクルについて説明しました。CRISP-DMは，データサイエンティストが下すべき一連の意思決定や，その意思決定を通知したり，実行するために従事すべき活動を定義します。CRISP-DMにおいてデータサイエンティストが行う主なタスクは，問題の定義，データセットの設計，データの準備，適用するデータ分析の種類の決定，そしてデータ分析結果の評価および解釈です。コンピューターがこのデータサイエンティストとの共同作業において貢献できることは，データ処理とデータのパターン検索です。機械学習は，データからパターンを特定・抽出するためにコンピューターが実行するアルゴリズムを研究し，開発する分野です。主に機械学習のアルゴリズムとテクニッ

クはCRISP-DMのモデリング段階で適用されます。機械学習には2段階のプロセスがあります。

まずはじめに，有用なデータのパターンを特定するために機械学習アルゴリズムが適用されます。いくつかの異なる方法でこのようなパターンを表現できます。本章の後半で，決定木，回帰モデル，ニューラルネットワークなど，よく採用されている表現をいくつか紹介します。これらのパターンの表現は「モデル」として知られ，CRISP-DMのライフサイクルのこの段階が「モデリング段階」として知られるのはこのためです。簡単に説明すると，機械学習アルゴリズムによってデータからモデルが作成され，各アルゴリズムは特定の表現（ニューラルネットワーク，決定木など）を使用してモデルを作成するように設計されています。

次に，作成されたモデルは，分析に使用されます。場合によっては，モデルの構造が重要なことがあります。例えば，医療の分野では，脳卒中患者のデータセットに機械学習アルゴリズムを適用し，モデル構造を使用して脳卒中と因果関係がある要因を特定できるかもしれません。他にも，これまでになかった事例データのレベルづけをしたり分類をするのにモデルを使用することもできます。例えば，スパムフィルターの主な目的は，スパムメールを定義する属性を明らかにすることではなく，新しい電子メールをスパムとスパム以外に分類することです。

「教師あり学習」対「教師なし学習」

　機械学習アルゴリズムの大部分は「教師あり学習」または「教師なし学習」のどちらかに分類できます。教師あり学習の目標は，あるインスタンスについて説明する属性の値を，「ターゲット属性」として知られるそのインスタンスのもう一つの属性の値にマッピングする関数を学習することです。例えば，教師あり学習を使用してスパムフィルターを教育する場合，アルゴリズムは電子メールについて説明する属性を，ターゲット属性の値（スパム／非スパム）にマッピングする関数の学習を試みます。ここでアルゴリズムが学習する関数は，スパムフィルターのモデルです。つまりこの場合，アルゴリズムがデータの中から探し出すパターンは入力属性の値をターゲット属性の値にマッピングする関数であり，アルゴリズムが返すモデルはこの関数を実行するコンピュータープログラムとなります。教師あり学習では，入力と出力の間の最も適切な位置をマッピングする関数を見つけだすために，さまざまな関数の検索が行われます。しかし，ある程度複雑なデータセットになると，入力と出力へのマッピングの組み合わせが数えきれないほど存在するため，アルゴリズムがすべての関数を試すのは不可能です。その結果，機械学習アルゴリズムは設計上，検索の際に特定の種類の関数を集中的に検索したり，優先的に選ぶことになります。このような選好はアルゴリズムの「学習バイアス」として知られています。機械学習を使用するうえでの真の課題は，学習バ

イアスが特定のデータセットに対し最適となるようなアルゴリズムを発見することにあります。このためには，いくつもの異なるアルゴリズムを試してみて，そのデータセットに最適なものを見つけだす必要があります。

　各インスタンスの入力値と出力（目的の）値の両方がデータセット内のインスタンスの一つ一つでリストアップされることが，教師あり学習が「教師あり」とされるゆえんです。つまり，学習アルゴリズムが試みるそれぞれの関数がどの程度データセットにとって適切なものかをチェックすることで，アルゴリズムによる検索から最適な関数を導き出すことができます。同時に，フィードバックを提供することで，データセットは学習プロセスの教師として機能します。もちろん，教師あり学習を実行するには，データセット内の各インスタンスにターゲット属性の値をラベルづけする必要があります。しかし，多くの場合，ターゲット属性に注目が集まるのは，直接，簡単に測定できるようなものではないため，ラベルづけされたインスタンスのデータセットを作成するのも難しいからです。そのようなシナリオでは，教師あり学習を利用してモデルを教育する前に，適切なターゲット属性値を持つデータセットの作成に多大な時間と労力を費やすことになります。

　教師なし学習では，ターゲット属性は存在しません。そのため，教師なしアルゴリズムを使用するにあたって，ターゲット属性を持つデータセットのインスタンスのラベルづけに時間や

労力を費やす必要はありません。しかし，ターゲット属性がないということは，学習の難易度が上がることを意味します。つまり，データに最適な入力から出力へのマッピングを検索するという具体的な課題の代わりに，データの規則性を発見するという，より抽象的なタスクがアルゴリズムに課せられます。最も一般的なタイプの教師なし学習は「クラスタ分析」です。クラスタ分析では，データ内の他のインスタンスよりも，お互いにより似た性質を持つインスタンスのクラスタ(集まり)をアルゴリズムが探し出します。しばしば，このようなクラスタリングアルゴリズムは，最初にクラスタの集合について予測を立ててから，クラスタの更新を何度も繰り返すことで(一つのクラスタからインスタンスを削除し，別のクラスタに加える)，クラスタ内の類似性とクラスタ全体の多様性を高めていきます。

　クラスタリングの課題は，類似性の測定方法を見つけだすことです。データセット内のすべての属性が数値で，しかもその数値の範囲が同じくらいであれば，単純にインスタンス(すなわち行)間のユークリッド距離(「直線距離」としてもよく知られています)を計算するのがいいでしょう。ユークリッド距離で近くに位置する行は類似しているとみなされます。ただし，行間の類似性の計算を複雑にする要因が多く存在します。あるデータセットでは，それぞれの数値属性の範囲が異なり，そのため，一つの属性の行の値のバリアンス(ばらつき)が，別の属性のバリアンスほど顕著でないことがあります。この場合に

機械学習を使用するうえでの
真の課題は，学習バイアスが
特定のデータセットに対し
最適となるようなアルゴリズムを
発見することにあります。

は，属性を標準化して範囲を同じにする必要があります。類似性の算出をより複雑にする要因として挙げられるのが，さまざまな意味で，異なる要素同士が類似しているとみなされてしまう可能性があることです。時にはある属性が他の属性より重要なこともあるので，距離計算で特定の属性に重みをつけるのは理にかなっているといえます。あるいは，データセットに非数値データを含めてもよいでしょう。このような複雑なシナリオの場合，使用するクラスタリングアルゴリズム向けに，類似性の測定基準を特別に設計する必要があるかもしれません。

　具体的な例を挙げて，教師なし学習について説明しましょう。例えば，白人のアメリカ人成人男性の2型糖尿病の原因分析を試みるとします。まずデータセットの構築からはじめます。各行で一人の男性，各列でデータサイエンティストが調査に関連性があると考える属性を表現します。この例では，次のような属性を含めます：個人の身長（メートル単位），体重（キログラム単位），1週間当たりの運動量（分単位），靴のサイズ，複数の臨床試験と生活習慣調査に基づきその個人が糖尿病を発症する確率（パーセンテージ）です。表2（p.126）は，このデータセットの抜粋です。当然，年齢などの他の属性を含めることも可能ですし，糖尿病の発症の可能性を決定するうえで特に関係がないと思われる靴のサイズといった属性を削除してもいいでしょう。第2章で論じたように，どの属性を含めて，どの属性をデータセットから除外するかの取捨選択はデータサイエン

表2　糖尿病調査のデータセット

識別番号	身長（メートル単位）	体重（キログラム単位）	靴のサイズ	運動量（分／週）	糖尿病発症確率（パーセンテージ）
1	1.70	70	5	130	0.05
2	1.77	88	9	80	0.11
3	1.85	112	11	0	0.18
⋮					

スにおいて重要なタスクですが，この例では，このままの状態でデータセットについて解説します。

　教師なしのクラスタリングアルゴリズムは，データ内の行のなかから，他の行と比べて，互いの類似性がより高い行のグループを探します。このように類似した行のグループの一つ一つが，類似したインスタンスのクラスタの範囲を定義します。例えば，アルゴリズムはクラスタ内で比較的頻繁に出現する属性値を探すことで，疾病または併存疾患（同時に起こる複数の疾患）の原因を特定します。類似した行のクラスタを探すという単純な考え方は極めて効果的で，私たちの生活のさまざまな場面に応用できます。行のクラスタリングのもう一つの応用例は，顧客に商品を薦める場合です。ある顧客がある本，歌または映画を気に入ったとすれば，その人物は同じクラスタ内の別の本，歌，あるいは映画も気に入るかもしれません。

予測モデルの学習

　予測とは，あるインスタンスの別の属性値（または入力属性）に基づいて，そのインスタンスのターゲット属性値を推定するタスクです。教師あり機械学習アルゴリズムが処理する問題は予測であり，予測モデルを生成します。ここでも，教師あり学習の説明で使用したスパムフィルターの例が当てはまります。すなわち，教師あり学習を使用してスパムフィルターモデルを教育し，スパムフィルターモデルが予測モデルになります。予測モデルの代表的な使用例は，学習データセットに存在しない新しいインスタンスのターゲット属性を予測することです。引き続きスパムフィルターの事例で説明しますが，古い電子メールのデータセットに関するスパムフィルター（予測モデル）を教育した後で，そのモデルを使用して新しい電子メールがスパムか，そうではないかを予測します。恐らく予測は機械学習が使用される課題の中で最も一般的な種類の問題だと思われます。そこで本章の残りのページでは，予測に焦点を当て，機械学習のケーススタディを通じて解説していきます。まず，予測の基本概念である「相関分析」を取りあげて，予測モデルを紹介します。その後，線形回帰モデル，ニューラルネットワークモデル，決定木など，一般に普及しているさまざまな種類の予測モデルを作成するうえで，教師あり機械学習アルゴリズムがどのように機能するかを説明します。

相関関係は因果関係ではないが，有益なものもある

「相関」は二つの属性間の関連性の高さを表現します[1]。一般的には，相関を使って二つの属性間のあらゆる種類の関連性について説明することができます。「相関」という用語には特別な統計上の意味が含まれる場合もあり，しばしば「ピアソンの積率相関係数」の略語として用いられます。ピアソンの積率相関係数は二つの数値属性間の直線関係の強さを測定し，その範囲を−1から+1の数値で示します。 r はピアソンの積率相関係数の値，つまり二つの属性間の係数を表します。係数 r = 0 は二つの属性の間に相関性がないことを意味します。係数 r = +1 は二つの係数の間に完全な正の相関性があることを意味し，一方の属性値が変動すると，他方の属性値も同方向に同じだけ変動します。係数 r = −1 は二つの係数の間に完全な負の相関性があることを意味し，一方の属性値が変動すると，他方の属性値が逆方向に変動します。属性間で， r ≈ ±0.7 は直線関係が強い， r ≈ ±0.5 は直線関係が中程度， r ≈ ±0.3 は直線関係が弱い，そして r ≈ 0 はまったく相関性がない，というのが，ピアソンの積率相関係数を解釈する際の一般的なガイドラインです。

糖尿病についての調査の例では，人間の身体構造に関する知識に基づき，表2に示されたいくつかの属性の間に関連性があることが予測されます。例えば，背が高い人は靴のサイズも大きくなるのが普通です。また，運動量が多い人ほど体重が軽く

なると予想できます。ただし，運動量が同じであれば背の高い人のほうが背が低い人より体重が重くなる傾向があります。また，靴のサイズと運動量の間にははっきりした関連性はないことも予測できます。図9（p.130）の三つの散布図は，今述べた直観がどのようにデータに反映されるかを示しています。一番上の散布図は，靴のサイズと身長に基づいてプロッティングした場合のデータの分布を示しています。この散布図には，明確なパターンが見られます。つまり，データが左下端から右上端に移動していて，これは身長が高くなると（つまり，X 軸上を右方向に移動すると），靴のサイズも大きくなる傾向にある（Y 軸を上方向に移動する）という関連性を示しています。一般的に，散布図の左下から右上に移動するデータパターンは，二つの属性間の正の相関を示します。靴のサイズと身長のピアソンの積率相関係数を計算すると，相関係数は r =0.898 となり，この一対の属性間に強い正の相関関係があることを示します。中央の散布図は，体重と運動量をプロットする場合のデータの分布を示します。ここでは全体的なパターンは先ほどとは反対方向の左上から右下に向かっていて，負の相関関係があることを示しています。つまり，運動量が増えるにしたがって，体重が軽くなるという相関関係です。この属性のペアをピアソン相関係数で表すと r ＝－ 0.710 となり，強い負の相関関係があることを示します。一番下の散布図は運動と靴のサイズをプロットしたものです。このプロット図ではどちらかといえば不揃い

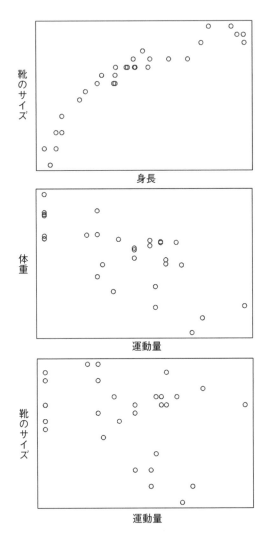

図9　靴のサイズと身長，体重と運動量，靴のサイズと
　　　運動量の散布図

にデータが分布しています。このペアのピアソン相関係数は r = − 0.272であり，相関関係が弱いことを示しています。

　ピアソンの積率相関係数は二つの属性の間の相関関係を表すという事実により，統計上の相関関係のデータ分析は属性がペアになっている時しか実行できないのではと思われるかもしれません。しかし，幸いにも属性全体に関数を用いることで，この問題の解決策を見つけだすことができます。第2章では，体重と身長の関数としてBMIを取りあげました。厳密にいえば，BMIとは体重（キログラム）を身長（メートル）の二乗で割った比です。BMIは19世紀にベルギーの数学者アドルフ・ケトレーが考案し，個人を低体重，普通体重，過体重，肥満に分類するために用いられます。体重と身長の比が使われる理由は，BMIが身長に関わりなく同じカテゴリー（低体重，普通体重，過体重または肥満）に該当する人たちが相似値を持つように設計されているためです。体重と身長は正の相関関係があることがわかっているので（総じて，背が高い人は体重も重くなる），体重を身長で割ることで体重への身長の影響を補正します。身長の二乗で割る理由は，人間は身長が高くなるにつれて横幅が広がるからです。つまり，身長を二乗することでその人の総重量を計算で説明しようとしているわけです。BMIには，複数の属性間の相関関係について議論するうえで興味深い二つの側面があります。一つは，BMIはいくつもの属性を入力とし，新たな値にマッピングする関数であるということ。実際，この

マッピングにより，データ中に新しい派生属性（生の属性に対する）が生成されます。そして二つ目は，一人の人物のBMIは単一の数値なので，その値と他の属性の間の相関関係を計算できるということです。

　白人のアメリカ成人男性の2型糖尿病の発症原因に関するケーススタディでは，ある人が糖尿病を発症する可能性のある確率について説明するターゲット属性と強い相関性のある属性が存在するかどうかを見極めることを目的とします。図10では，さらに三つの散布図を示し，それぞれターゲット属性（糖尿病）と別の属性，つまり身長，体重およびBMIの相関関係をプロットしています。身長と糖尿病の散布図では，データのなかに特定のパターンが存在するようには見えず，これら二つの属性の間には実質上，相関性が弱いことを示しています（ピアソン相関係数は $r = -0.277$）。中央の散布図は，体重と糖尿病を選んでプロットした場合のデータの分布を示しています。データの広がりは，これら二つの属性の間に正の相関があることを示しています。つまり，体重が重い人ほど，糖尿病を発症する可能性が高くなるということです（ピアソン相関係数は $r = 0.655$）。一番下の散布図は，BMIと糖尿病を選んでプロットした場合のデータセットを示します。この散布図のパターンは，中央の散布図のパターンに似ています。つまり，左下から右上にデータが広がり，正の相関があることを示しています。しかし，この散布図では点がより密集していて，BMIと糖尿

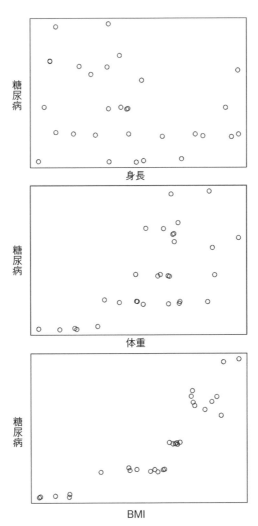

図10
身長，体重および BMI に関する糖尿病の発症確率の散布図

病の間の相関性のほうが体重と糖尿病の間の相関性より強いことを示しています。実際に、糖尿病とBMIのピアソン相関係数は r ＝0.877です。

BMIの例は、複数の属性を入力する関数を定義することで、新たな派生属性を生成できることを示唆しています。また、この派生属性とデータセットの別の属性のピアソンの積率相関係数の計算も可能であることを示しています。さらに、派生属性は、派生属性の生成に使用される属性のターゲットとの相関性よりも、ターゲット属性との相関性のほうが強いこともあります。体重または身長の間の相関性に比べて、なぜBMIのほうが糖尿病の属性と高い相関性があるかといえば、糖尿病を発症する可能性は身長と体重の相互作用に左右され、BMI属性はこの相互作用を糖尿病にふさわしい形でモデル化するからです。ただ身長や体重によって無関係にもたらされる情報と比べて、BMIによってもたらされる２型糖尿病を発症する可能性に関する情報のほうが、より有益だという理由から、臨床医学者はBMIに関心を持ちます。

データサイエンスにおいて、属性の選択が重要なタスクであることは、すでに言及しました。属性の設計にも同じことが当てはまります。多くの場合、研究の対象となる属性と相関性の高い派生属性の設計において、データサイエンスの真価が発揮されます。データを表現するために使用する適切な属性さえわかっていれば、比較的短期間で正確なモデルが構築できます。

しかし，適切な属性の発見と設計は容易ではありません。BMI の場合，この派生属性が考案されたのは19世紀のことです。機械学習アルゴリズムは，異なる属性の組み合わせを検索したり，そのような組み合わせとターゲット属性との間の相関関係を確認することで，属性間の相互作用を学習し，有益な派生属性を生成することができます。これが，多数の相互作用の弱い属性を手がかりにプロセスの理解を試みる際に，機械学習が役に立つ理由です。

　ターゲット属性と相関性の高い属性（生または派生）を特定することは役に立ちます。なぜなら，その相関性の高い属性から，ターゲット属性が意味する事象の原因となるプロセスについての洞察が得られることがあるからです。つまり，BMI が糖尿病を発症する確率との相関性が高いことは，体重自体ではなく，むしろその人が太り過ぎかどうかが糖尿病の発症のリスクを高めることを示唆します。また，入力属性とターゲット属性の相関性が高い場合，入力属性は予測モデルへの有益な入力になる可能性が高くなります。相関分析同様，予測も属性間の関係の分析を伴います。一式の入力属性の値とターゲット属性をマッピングするには，入力属性（または属性の導関数）とターゲット属性の間に相関性がなければなりません。この相関性が存在しない場合（またはアルゴリズムによって発見できない場合），この入力属性は予測に使用するには不適切であり，モデルができることは，せいぜいそのような入力を無視し，常にデー

タセットのターゲット属性[2]の中央値を予測する程度になります。反対に，入力属性とターゲット属性の間の相関性が高い場合，機械学習アルゴリズムが極めて精度の高い予測モデルを構築できる可能性が高くなります。

線形回帰

　データセットが数値属性で構成される時，回帰予測モデルが頻繁に使用されます。「回帰分析」は，すべての入力属性が定まっている時，数値ターゲット属性の期待（または平均）値を予測します。回帰分析の第一段階では，入力属性とターゲットの関係構造について仮説を立てます。それから，仮説を立てた関連性をパラメーター化した数理モデルを定義します。このパラメーター化モデルは「回帰関数」と呼ばれます。回帰関数は入力を出力に変換する機械，パラメーターは機械の動作を制御する設定と考えるとわかりやすいでしょう。回帰関数には複数のパラメーターが含まれる場合もあり，回帰分析では主に，適切なパラメーター設定を特定します。

　回帰分析を使用して，さまざまな種類の属性間の関連性について仮説を立てたり，モデルを構築することができます。原則的に，モデル化可能な関係の構築について，唯一制約があるとすれば，それは適切な回帰関数を定義する能力です。分野によっては，特定の種類の関連性の存在を明確に示す説得力のある理論的根拠がある場合もありますが，そのような根拠が存在しな

い場合は，最も単純な関連性の形態，すなわち直線関係の想定からはじめ，その後必要に応じ，さらに複雑な関連性のモデル化を進めるのがいいでしょう。直線関係の想定からはじめる理由の一つは，線形回帰関数の解釈が比較的容易なためです。もう一つの理由は，常識的に考えて，なるべく物事は複雑にしないほうが賢明だからです。

　直線関係が想定される場合，回帰分析は「線形回帰」と呼ばれます。最も単純な例として挙げると，二つの属性間，つまり入力属性Xとターゲット属性Yの関係のモデル化に，線形回帰が適用されます。この単純な線形回帰の例題では，回帰関数は以下のように表されます。

$$Y = \omega_0 + \omega_1 X$$

　この回帰関数は，たいていの人が高校時代の幾何学[3]でなじみのある，線型（一次）方程式（$y = mx + c$として表されることが多い）です。変数ω_0とω_1は回帰関数のパラメーターです。これらの変数を変更すると，関数が入力Xと出力Yをマッピングする方法も変化します。パラメーターω_0はXがゼロに等しい時，直線が縦y軸に交わる位置を指定するy切片（または高校幾何学でいうところのc）です。パラメーターω_1は直線の傾きを定義します（すなわち，高校数学のmに相当）。

　回帰分析では，最初，回帰関数のパラメーターは不明です。

回帰関数のパラメーターを設定するということは，データに最も当てはまる直線を見つけるということです。このパラメーターを設定する方法として，まずパラメーター値の推測からはじめ，その後，パラメーターを繰り返し更新することで，データセットに関する関数の総合誤差を小さくしていきます。総合誤差は以下の三つの手順で計算されます。

1. データセットに関数をあてはめ，データセットの各インスタンスに対しターゲット属性値を推定します。
2. ターゲット属性の実数値からターゲット属性の推定値を引き，各インスタンスの関数の誤差を計算します。
3. 各インスタンスに対する関数の誤差を二乗した後，二乗したこれらの数値を合計します。

　関数がターゲットを多めに見積もった場合のインスタンスの誤差が，少なく見積もった場合の誤差によって相殺されないために，手順3で各インスタンスに対する関数の誤差を二乗します。誤差を二乗することで，どちらの場合でも誤差が正の値になります。この誤差の計算法は「二乗和誤差（SSE）」として知られ，SSEを最小化する媒介変数を探すことで線形関数をあてはめるやり方は「最小二乗法」として知られています。SSEは以下のように定義されます。

$$\mathrm{SSE} = \sum_{i=1}^{n} \left(\text{ターゲット} i - \text{予測} i \right)^2$$

データセットに n 個のインスタンスが含まれる場合，ターゲット i はデータセットのインスタンス i に対するターゲット属性であり，予測 i は関数によって導き出される同じインスタンスに対するターゲットの推定値です。

BMIの観点から個人の糖尿病発症の可能性を推測する線形回帰予測モデルを作成するには，XをBMI属性，Yを糖尿病の属性にそれぞれ置き換え，最小二乗アルゴリズムを適用して糖尿病のデータセットに最もよく当てはまる直線を見つけます。図11a（p.140）はこの最良適合直線とデータセットのインスタンスの相対的な位置を図に示したものです。図11b（p.140）の破線は，この直線の各インスタンスに対する誤差（または残差）を示します。最小二乗のアプローチを用いると，最良適合直線は残差の二乗の和を最小化する直線になります。この直線の等式は次の通りです。

糖尿病 $= -7.38431 + 0.55593 \times \mathrm{BMI}$

勾配パラメーター値 $\omega_1 = 0.55593$ は，BMIが1単位上昇するたびに，糖尿病を発症する推定確率が0.5%を少し上回る程度の割合で上昇することを意味します。ある人が糖尿病を発症

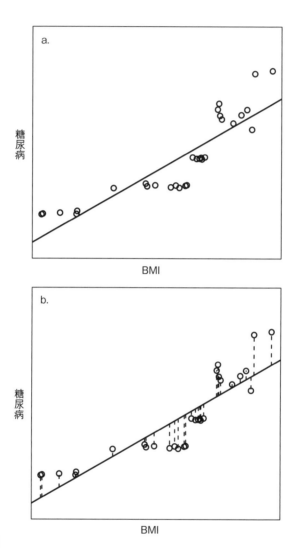

図 11

（a）「糖尿病＝− 7.38431+0.55593 x BMI」モデルに最もよく当てはまる直線
（b）垂直の破線はそれぞれのインスタンスの残差を示します。

する確率を予測するには，単にその人のBMIをモデルに入力すればいいのです。例えば，BMIが20の場合，モデルは糖尿病の属性の確率を3.73%，21の場合は4.29%[4]と返します。

さらに念入りに見てみると，最小二乗方法を用いて当てはめた線形回帰モデルは，インスタンス全体の加重平均を計算します。事実，切片パラメーター値$\omega_0 = -7.38431$は，最良適合直線が平均BMI値およびデータセットの糖尿病の平均値によって明確に定められる点を確実に通過するようにします。データセットの平均BMI値（BMI＝24.0932）を入力すると，モデルは糖尿病の属性を4.29%の確率と推定しますが，これはデータセットの糖尿病の平均値です。

インスタンスの重みづけは，直線からのインスタンスの距離に基づきます。つまり，インスタンスが直線から遠ざかるほど，そのインスタンスの残差が大きくなり，アルゴリズムは残差を二乗することでそのインスタンスに重みをつけます。この重みづけの影響の一つとして，直線へ当てはめる際に，極端な値（はずれ値）の含まれるインスタンスが必要以上に大きな影響を及ぼし，その結果，直線がその他のインスタンスから離れてしまう可能性があることが挙げられます。したがって，データセットに直線を当てはめる（または，データセットに関する線形回帰関数を教育する）前に最小二乗法のアルゴリズムを用いて，データセットのはずれ値を確認することが重要です。

線形回帰モデルは複数の入力に対応するよう拡張もできま

す。モデルにそれぞれの新しい入力属性に対応する新しいパラメーターを追加し，総計の範囲内で新しい属性に新しいパラメーターをかけた結果が含まれるようにモデルの等式を更新します。例えば，運動量と体重の属性を入力値として含めるためにモデルを拡張すると，回帰関数の構造は次のようになります。

糖尿病 $= \omega_0 + \omega_1 \mathrm{BMI} + \omega_2 運動 + \omega_3 体重$

　統計学では，このようにして複数の入力値と一つの出力を割り当てる回帰関数は「多重線形回帰関数」として知られます。多重線形回帰関数の構造は，ニューラルネットワークなどのさまざまな機械学習アルゴリズムの基礎となります。

　相関と回帰はいずれも，データセット内の列同士の関連性に着目したテクニックであるという点で，概念が共通しています。相関は主に二つの属性間に関連性があるかどうかを検索し，回帰は一つまたはそれ以上の入力属性値が与えられるのを前提として，一つのターゲット属性値を推定するために，想定される属性間の関連性をモデル化します。特にピアソンの積率相関係数と線形回帰を用いるケースでは，ピアソンの積率相関係数は直線関係にある二つの属性の関連性の度合いを測定し，最小二乗法を用いて学習された線形回帰は，別の属性値が与えられると，一つの属性値を予測する最良適合直線を見つけます。

ニューラルネットワークとディープラーニング

　「ニューラルネットワーク」は互いにつながり合うニューロンの集合で構成されます。ニューロンは数値の集合を入力とみなし，単一の出力値にマッピングします。基本的には，ニューロンは多入力線形回帰関数ですが，この両者の唯一の重要な相違点は，ニューロンの多入力線形回帰関数の出力では「活性化関数」と呼ばれる別の関数の曲線を通過するところです。

　このような活性化関数では，多入力線形回帰関数の出力に非線形写像を適用します。よく使われる活性化関数として，「ロジスティック関数」と「双曲線正接関数」が挙げられます（図12参照，p.144）。どちらの関数も単一の値xを入力とみなします。ニューロンでは，この値xはニューロンがその入力に適用した多入力線形回帰関数からの出力です。また，二つの関数はともにネイピア数eを用い，その値は2.71828182に限りなく等しくなります。これらの関数はプラス無限大とマイナス無限大の間の値を事前に定義された狭い範囲にマッピングするため，「スカッシング関数」と呼ばれることもあります。ロジスティック関数の出力範囲は0から1，双曲線正接関数は－1から1です。その結果，活性化関数としてロジスティック関数を使用するニューロンの出力は常に0から1の範囲になります。ロジスティック関数と双曲線正接関数の両方に非線形写像が適用されるのは，S字状の曲線から見ても明らかです。ニューロンに非線形マッピングを取り入れる理由は，多入力線形回帰関

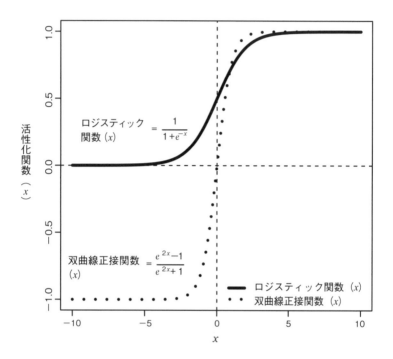

**図 12　入力値xに適用される通りにロジスティック関数と
双線関数をマッピング**

数の限界の一つとして，定義上は関数は線形であり，しかもネットワーク内のすべてのニューロンが線形マッピングのみを実行する場合，ネットワーク全体で実行される学習が線形関数に限定されてしまうからです。しかし，ネットワークのニューロンに非線形活性化関数を取り入れることで，ネットワークがより複雑な（非線形）関数を学習できるようになります。

　ニューラルネットワークの各ニューロンが以下のような非常に単純な一連の操作を実行していることを強調しておくべきでしょう。

1. それぞれの入力に重みづけをする。
2. かけ算の答えを合計する。
3. 結果を活性化関数に入力する。

　操作1と2は，入力値の多入力線形回帰関数の単純計算で，操作3は活性化関数の適用です。

　ニューラルネットワーク内のニューロン同士が結合していく方向はすべて決まっていて，ニューロンに関連した重みづけがされています。ニューロンに流れこむ結合の重みは，ニューロンがその入力の多入力線形回帰関数を計算している時，ニューロンがその結合部で受け取る入力に対してニューロンが適用する重さです。図13（p.146）は単純なニューラルネットワークの位相構造を示します。左端の四角形，AとBは，ネットワークへの入力データがメモリ内のどこにあるかを示しています。この場所ではデータ処理や変換は行われません。これらのノードは入力値がそのまま出力値になるよう設定されている[5]入力ニューロンまたは検知ニューロンと考えるとわかりやすいでしょう。図13内の丸（C, D, E, F）は，ネットワーク内のニューロンを示します。ネットワーク内のニューロンは，多層構造に

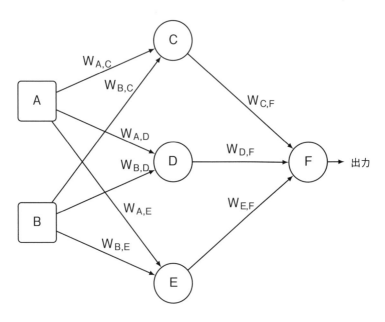

図 13　単純なニューラルネットワーク

なっていると考えると，さまざまな場面で応用に役立ちます。図のネットワークは 3 層のニューロン構造です。すなわち，入力層はAとB，次の1層は隠れ層のC，D，E，そして出力層はFです。「隠れ層」という用語は，ニューロンが入力層でも出力層でもない層に位置するという意味です。つまり，そういった意味でニューロンは隠されていて，見えません。

　ネットワーク内のニューロンをつなぐ矢印は，ネットワークを通り過ぎる情報の流れを示します。厳密にいえば，ネットワー

ク内にはループが存在しないため，このネットワークは事実上，フィードフォワード制御のニューラルネットワークです。つまり，すべての結合は入力から出力の方向に向かいます。また，各ニューロンがネットワークの次の層内のすべてのニューロンとつながっているため，このネットワークは完全につながっているとみなされます。層の数，各層のニューロンの数，使用する活性化関数の種類，層間の結合の向き，その他のパラメーターを変えることで，さまざまな種類のニューラルネットワークを構築できます。実際，ある特定のタスクを実行するニューラルネットワークの開発においては，そのタスクにとって最良のネットワークレイアウトを特定するための試行錯誤に多くの手間をかけます。

　各矢印のうえに書かれた記号は，矢印の先端でノードがその結合から伝達された情報に適用する重みを示します。例えば，CとFをつなぐ矢印はCからの出力がFへの入力として伝達され，さらにFはCからの入力に対して重み$W_{C,F}$を適用することを示します。

　図13のネットワークのニューロンが双曲線正接活性化関数を用いると仮定すると，次のようにネットワークのニューロンFで実行される計算式を定義できます。

出力＝双曲線正接関数（$\omega_{C,F}C + \omega_{D,F}D + \omega_{E,F}E$）

　ニューロンFで実行される処理の数学的定義は，一組の関数の合成を利用してネットワークの最終出力が計算されることを表しています。「関数の合成」とは，単に一つの関数の出力がもう一つの関数への入力として使われるという意味です。この場合，ニューロンC，DおよびEの出力がニューロンFへの入力として使用されるので，Fが実行する関数はC，DおよびEがそれぞれ実行した関数を合成したものになります。

　図14はこのニューラルネットワークをさらに具体的に説明したもので，人間の体脂肪率とVO$_2$MAX（最大酸素摂取量。1分間に使用できる最大酸素量の測定基準）を入力として選び，その人の健康度を計算するニューラルネットワークを示します[6]。ネットワークの中間層の各ニューロンは体脂肪率とVO$_2$MAXをもとに関数を算出します。つまり，$f_1()$，$f_2()$および$f_3()$です。これらの関数の一つ一つは，それぞれ異なる方法で入力間の相互作用をモデル化します。原則的にこれらの関数はネットワークに対する生（未加工）の入力から派生する新しい属性を表します。これは先ほど説明した身長と体重の関数として算出されるBMI属性と似ています。派生属性が表しているものについて領域理論上の説明が与えられ，この派生属性がネットワークに有益である理由に納得できる限りにおいて，ネットワーク内のニューロンの出力が何を表すのか解釈が可能な場合もあります。しかし多くの場合，ニューロンによって算出された派生属性は人間にとって具体的な意味を持ちません。むしろこのよう

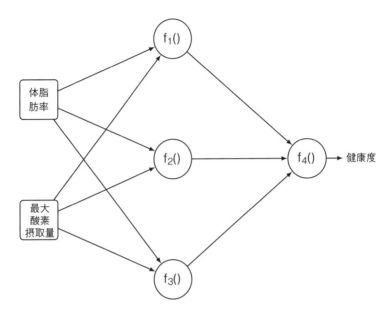

図14 人間の健康度を予測するニューラルネットワーク

な属性はネットワークが有益だと判断した，他の属性間の相互作用を捕捉するものです。ネットワークの最後のノードであるf_4は別の関数，すなわち，$f_1()$，$f_2()$および$f_3()$の出力の関数を計算します。この場合の出力はネットワークが返す健康度予測です。ここでも，ネットワークが発見した相互作用がターゲット属性との相関性が高いことを明確にするということ以外，この関数は人間にとって具体的な意味を持ちません。

ニューラルネットワークの学習には，ネットワークの結合へ

の適切な重みを特定する作業が伴います。ネットワークにどのように学習させればいいかを理解するには，ネットワークの出力層にある一つのニューロンの重みをどのように学習させるかについて考えることからはじめるとよいでしょう。各インスタンスに入力とターゲット出力が備わった学習用のデータセットについて考えてみましょう。また，ニューロンの入力となる結合にはすでに重みづけがされていると仮定します。データセットからインスタンスを一つ選び，このインスタンスの入力属性値をネットワークに提示すると，ニューロンはターゲットの予測を出力します。データセットのターゲット値からこの予測値を引くことで，このインスタンスに関するニューロンの誤差を測定できます。ニューロンの誤差を軽減するためにニューロンの出力誤差を測定することを前提として，基礎的な微積分を使えば，ニューロンの入力となる結合に付加される重みをその都度更新する規則を導き出すことができます。この規則の正確な定義はニューロンによって使用される活性化関数によって異なります。なぜなら，活性化関数は規則の導出で用いられる導関数に影響を与えるからです。重みづけ更新の規則がどのように作用するかについては，以下にわかりやすい説明をします。

1. 誤差がゼロの場合，入力の重みを変えるべきではありません。
2. 誤差が正（プラス）の場合，ニューロンの出力を増やせば誤差は減少します。そこで，入力が正の場合はすべての結

　　合に対する重みを増やし，入力が負（マイナス）の場合は
　　結合の重みを減らします。
3. 誤差が負（マイナス）の場合，ニューロンの出力を減らせば
　　誤差は減少します。そこで，入力が正の場合はすべての結
　　合に対する重みを減らし，入力が負の場合は結合の重みを
　　増やします。

　ニューラルネットワーク学習の難しい点は，重みづけ更新の
規則がニューロンでの誤差の推定を必要とすることです。さら
に，ネットワークの出力層の各ニューロンの誤差を計算するこ
とは簡単ですが，その前の層のニューロンの誤差の計算は困難
です。ニューラルネットワーク学習の標準的な方法では，「バッ
クプロパゲーション（誤差逆伝播法）アルゴリズム」と呼ばれ
るアルゴリズムを用いてネットワークの各ニューロンの誤差を
計算した後，ネットワーク内の重みを補正するために重み更新
規則を適用します[7]。バックプロパゲーションアルゴリズムは，
教師あり機械学習アルゴリズムです。そこで，各インスタンス
に対し入力とターゲット出力の両方を持つ学習データセットを
想定してみましょう。まず，ネットワーク内の一つ一つの結合
に無作為に重みを付加することで学習をはじめます。その後ア
ルゴリズムは，データセットから学習インスタンスを取り出し
てネットワークに提示したり，ネットワークが予想通りに動き
出すまでネットワークの重みを更新することで，ネットワーク

内の重みを繰り返し更新します。このアルゴリズムの名称は，学習インスタンスがネットワークに提示されるたびに，アルゴリズムがネットワークをさかのぼって（後方に向かって）ネットワークの誤差を伝播（つまり逆伝播）することに由来します。まず出力層からはじめ，ネットワークの各層がその層のニューロンの誤差を計算した後，この誤差をその前の層のニューロンと共有します。アルゴリズムの主な手順を以下に説明します。

1. 出力層のニューロンの誤差を計算し，重みづけ更新規則を適用してニューロンへの入力の重みを更新。
2. あるニューロンで計算された誤差を二つのニューロン間の結合の重みに応じ，そのニューロンとつながっている一つ前の層内の各ニューロンと共有。
3. その前の層内のニューロンについては，ニューロンに逆伝播された誤差を合計して，そのニューロンに起因する全体的なネットワーク誤差を計算し，この誤差の総計結果を用いてそのニューロンへの入力の結合の重みを更新。
4. ネットワーク内の残りの層を後方からさかのぼる形で入力ニューロンと隠れニューロンの一番目の層の間の重みが更新されるまで手順2と手順3を繰り返す。

　バックプロパゲーションでは，各ニューロンの重みづけの更新の規模は，学習インスタンスのニューロンの誤差を減少させ

るために調整されますが，誤差が完全に排除されることはありません。ネットワークの学習の目標は，ネットワークが学習データに存在しない新しいインスタンスを汎化できるようにすることであり，学習データを記憶させることではないためです。つまり，重みが更新されるたびに，全体的なデータセットと比べて総じて「より良い」と思われる重みへとネットワークを少しずつ近づけるように誘導します。さらに，この作業を何度も繰り返すうちに，ネットワークは学習インスタンスの詳細ではなく，むしろ全体的なデータの分布を捕捉する重み一式に集約されていきます。バックプロパゲーションのバリエーションとして，各学習インスタンスの後ではなく，多くのインスタンス（インスタンスのバッチ）がネットワークに提示された後，重みづけを更新する方法もあります。このようなバージョンでは，重みづけ更新プロセスを実行する出力層での誤差を測定する際に，アルゴリズムがネットワークの平均誤差を一括で使用するように調整します。

　過去10年で最も画期的な技術進化の一つが，ディープラーニングの出現です。ディープラーニングネットワークとは，単に複数の[8]隠れ層ユニットをもつニューラルネットワークです。つまり，隠れ層の数が多いという意味で「深い」のです。図15（p.154）のニューラルネットワークは5層構造です。三つのニューロンから成る左端の入力層1層，隠れ層（黒い円）3層，二つのニューロンから成る右端の出力層1層で構成されま

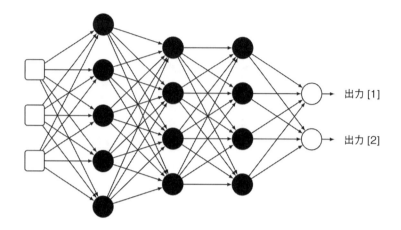

出力 [1]

出力 [2]

図 15　ディープニューラルネットワーク

す。このネットワークは各層に異なる数のニューロンを配置で
きることを示しています。つまり，入力層には三つのニューロ
ン，一番目の隠れ層には五つ，3番目と4番目の隠れ層にはそ
れぞれ四つずつ，そして出力層には二つのニューロンがありま
す。また，このネットワークは出力層にも複数のニューロンを
配置できることを示しています。ターゲットが明確な基準のあ
る名義尺度または順序尺度のデータの場合，複数の出力ニュー
ロンを使用するのは効果的です。このようなシナリオでは，ネッ
トワークは，各レベルに一つの出力ニューロンが存在し，各入
力に対し，一つの出力ニューロンだけが活性の高い出力をする
（予測ターゲット基準を示す）よう設定されます。

　先ほど見てきたネットワーク同様，図15に示すネットワークは完全につながっているフィードフォワード型ネットワークです。しかし，すべてのネットワークが完全につながっているフィードフォワードのネットワークとは限りません。実際，これまでに無数のネットワーク構成が開発されてきました。例えば，回帰型ニューラルネットワーク（RNN）では，ネットワーク構成にループが導入されています。つまり，次の入力処理の間に一つの入力に対するニューロンの出力がニューロンにフィードバックされるループ構造です。このループによって，ネットワークは，過去に処理した入力に照らし合わせて各入力を処理できるようにするメモリを備えるようになります。したがってRNNは言語[9]などの順次データ処理に適しています。もう一つのよく知られたディープニューラルネットワーク構造は，畳みこみニューラルネットワーク（CNN）です。元々CNNは画像データの使用のために設計されました（出典：ルカン　1989年）。画像認識ネットワークとして望ましい特性は，画像の出現した場所にかかわらず，画像に特定の視覚的特徴がある場合に瞬時に認識できることです。例えば，ネットワークが顔認証を実行している場合，目が画像の右上端に位置しようが，中央であろうが，目の形状を認識できなければなりません。CNNはニューロンの入力と同じ重みを共有するニューロンの集合を所有することで，これを実現します。これに関連して，関数の中を通過する一組のピクセルに，ある特定の視覚的

特徴が生じる場合に「正常に終了」を告げる関数を定義するものとして，一組の入力の重みづけを考えてみましょう。これは，重みを共有するニューロンのグループの一つ一つが，ある特定の視覚的特徴の見分け方を学習し，グループの各ニューロンがその特徴の検出器の役割を果たすことを意味します。CNNでは，各ニューロンが画像の異なる場所を詳細に調べるために，各グループ内にニューロンが配置され，グループが全体の画像を処理します。その結果，グループが検出する視覚的特徴がイメージのどの場所に出現しても，グループのニューロンの一つがそれを見つけられます。

　ディープニューラルネットワークの強みは，CNNの特徴検出などの有用な属性を自動的に学習できることにあります。実際，ディープラーニングは表現学習としても知られています。その理由は，基本的にディープネットワークが本来の生（未加工）の入力よりターゲットの出力属性の予測に優れている新しい入力データ表記を学習するためです。ネットワークの各ニューロンは，ニューロンの入力値と新しい出力属性をマッピングする関数を定義します。つまり，ネットワークの第1層のニューロンは，生の入力値（例：体重や身長）と個々の入力値よりも有益な属性（例：BMI）をマッピングする関数を学習することができます。それから，第1層の同胞ニューロンの入力とともに，このニューロンの出力は第2層のニューロンに入力され，第2層のニューロンは第1層の出力を新しくなおかつ有

益な表現でマッピングする関数を学習しようとします。入力を新しい属性にマッピングし，これらの新しい属性を入力として新しい関数に注ぎこむプロセスがネットワーク全体を通して継続的に実施され，ネットワークが深くなればなるほど，生の入力から新しい属性の表現へと，より複雑なマッピングを学習できます。ディープラーニングモデルが高次元の入力（例：画像やテキスト処理など）を伴うタスクを極めて正確に実行できるのは，自動的に入力データと有益な属性表現の複雑なマッピングを学習する能力を備えているためです。

　ニューラルネットワークの深度を深くすることで，より複雑なデータのマッピングをネットワークが学習できるようになることは，以前から知られていました。それにもかかわらず，つい数年前までディープラーニングが軌道に乗らなかった理由は，無作為な重みを初期に設定した後，バックプロパゲーションアルゴリズムを使用するという標準的な組み合わせが，ディープネットワークにはあまり効果的ではないからです。バックプロパゲーションアルゴリズムの問題の一つは，層を通ってプロセスが後戻りする時に誤差も共有されてしまうため，ディープネットワークの場合，アルゴリズムがネットワークの前の方の層に到達するまでには，もはや誤差推定の価値がなくなってしまうことです[10]。結果として，ネットワークの前の部分の層はデータのための有益な変換を学習しません。しかし，この数年，研究者はこの問題に対処するために新しい種

類のニューロンを開発し，バックプロパゲーションアルゴリズムへの応用に取り組んできました。また，ネットワークの重みを初期に設定する際に細心の注意を払うことも効果的だとわかってきました。これまでにディープネットワークの学習を難しくしてきた他の二つの要因として，ネットワークの学習にはかなりの計算能力を要すること，そして，ニューラルネットワークが真価を発揮するには，相当な量の学習データが必要であるということが挙げられます。しかし，すでに論じたように，昨今の計算能力と大規模データセットの可用性の著しい向上により，ディープネットワークの学習もやりやすくなりました。

決定木

　線形回帰とニューラルネットワークは，入力が数値の場合に最も効果的に機能します。しかし，データセットへの入力属性が主に名義属性または順序属性のときは，決定木のような他の機械学習アルゴリズムやモデルのほうが適切な場合があります。

　決定木は，木（ツリー）構造に一連の「if-then-else」規則をエンコードします。図16はある電子メールがスパムメールかどうか判断するための決定木を示しています。角の丸い長方形は属性についてのテストを示し，四角形のノードは決定ノード，言い換えれば分類ノードを示しています。この木は次のような規則をエンコードします：「電子メールが差出人不明だったら，スパムメールである。差出人不明の電子メールではないが，疑

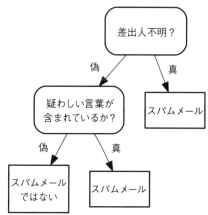

図16
電子メールがスパムメールかどうか判断するための決定木

わしい言葉が含まれていたら，スパムメールである。差出人不明の電子メールではなく，疑わしい言葉も含まれてなかったら，スパムメールではない」。決定木では，木の頂点からスタートして，インスタンスに一連の属性テストを適用しながら，根元に向かって木の端から端まで移動することで，インスタンスについて決定していきます。木のそれぞれのノードは一つの属性を指定してテストし，インスタンスのテスト属性値に合致するラベルづけがされた現行のノードから枝を選ぶことで，ノードごとにプロセスが（木を）下っていきます。最後の決定はインスタンスが下っていった終端（つまり葉）ノードのラベルです。

　根元から葉に至るまでの決定木の各経路は，一連のテストで

構成される分類規則を規定します。決定木学習アルゴリズムの目標は，ターゲット属性に対し同じ値を持つインスタンスの集合ごとに学習データセットを分類する一連の分類規則の発見です。もし分類規則によって同じターゲット値を持つインスタンスのサブセットをデータセットから切り離すことができて，さらに，この分類規則が新しい例題（すなわち，木のその経路を下っていく例題）にも当てはまるとしたら，この新しい例の正しい予測値はこの規則に当てはまるすべての学習インスタンスによって共有されるターゲット値になる可能性があるということです。

　現在の決定木学習用機械学習アルゴリズムの多くは，ID3アリゴリズムに端を発します（出典：クィンラン1986年）。ID3は，まずルート（根元）ノードからはじめ，一つずつ順番にノードを追加して，再帰的な深度を優先する方法で決定木を構築します。最初にルートノードでテストする属性を選択します。そして，テスト属性の領域のそれぞれの値がラベルづけされた枝が根元から伸びていきます。例えば，バイナリーテスト属性を備えた一つのノードからは2本の枝が下方向に伸びます。それからデータセットが分岐していきます。データセット内の各インスタンスから下方向に枝が伸び，インスタンスのテスト属性値と合致するラベルづけがされます。その後，ID3はルートノードの作成時と同じプロセスで1本ずつ枝を伸ばしていきます。つまり，テスト属性を選び，枝付きのノードを追加し，対応する枝に下

方向にインスタンスを送りこみながらデータを分割します。一本の枝のすべてのインスタンスがターゲット属性と同じ値になるまでこのプロセスが続き，同じ値になったら木に終端（葉）ノードがつけ足され，その枝のすべてのインスタンスによって共有されるターゲット属性のラベルがつけられます[11]。

　ID3は純粋な集合（つまり，ターゲット属性に対して同じ値を持つインスタンスの集合）の作成に必要なテストの回数を最小限に抑えるため，木の各ノードでテスト用の属性を選びます。集合の純度を測る一つの方法として，クロード・シャノンの「エントロピー」測定基準を使用できます。一つの集合に対する最小エントロピーはゼロであり，純粋な集合のエントロピーはゼロです。一つの集合に対する最大可能エントロピーの数値は，集合の大きさや集合に収まる種類の異なる要素の数によって異なります。一つの集合に含まれるすべての要素の種類が異なる場合，その集合には最大量のエントロピーが存在します[12]。

　ID3は選んだ属性を用いてノードでデータセットを分割した後，最も重みづけの軽いエントロピーに帰着する属性になるように，ノードでテスト用の属性を選びます。一つの属性に対する重みづけエントロピーは，（1）属性を用いてデータを分割し，（2）結果として生じる集合のエントロピーを計算し，（3）集合に存在するデータ端数でこれらのエントロピーの一つ一つを重みづけした後，（4）結果を合計するという手順で計算されます。

　表3（p.162）は電子メールのデータセットをリストにまとめ

たもので，各電子メールは複数の属性と電子メールがスパム
メールかどうかによって説明されます。「添付ファイル」属性
は，添付ファイル付きの電子メールに対しては真で，それ以外
に対しては偽です（この電子メールの標本には，添付ファイル
付きの電子メールは含まれていません）。事前に定義された疑
わしい言葉のリストに載っている言葉が一つ以上含まれている
電子メールの場合，「疑わしい言葉」の属性は真です。電子メー
ルの送信者が受信者のアドレス帳に登録されていない場合，
「差出人不明」の属性は真です。これは図16（p.159）の決定木
の学習に使われたデータセットです。このデータセットでは，
「添付ファイル」，「疑わしい言葉」そして「差出人不明」とい
う属性が入力属性で，「スパムメール」という属性がターゲッ
ト属性です。「差出人不明」属性は，他のどの属性もこれ以上

表3　電子メールのデータセット：スパムメールか
　　　スパムメールではないか？

添付ファイル	疑わしい言葉	差出人不明	スパムメール
偽	偽	真	真
偽	偽	真	真
偽	真	偽	真
偽	偽	偽	偽
偽	偽	偽	偽

分割できないレベルの純粋なセットに(「スパムメール＝真」で
あるインスタンスを含む一つのインスタンスと，大多数のイン
スタンスが「スパムメール＝偽」である別のセット)データ
セットを分割します。結果として，「差出人不明」はルートノー
ドに配置されます(図17参照)。この最初の分割以降，右枝の
インスタンスはすべて同じターゲット値になります。ところが，
左枝のインスタンスはターゲットに対し違う値を持ちます。
「疑わしい言葉」の属性を使って左枝のインスタンスを分割し
た結果，一つは「スパムメール＝偽」，もう一方が「スパムメー
ル＝真」という二つの純粋なセットが生まれます。つまり，「疑
わしい言葉」が，左枝の新しいノードのテスト属性として選択
されたのです(図18参照，p.164)。この時点で各枝の先端の

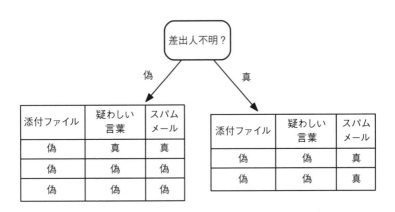

図17　決定木のルートノードを作成

データサブセットは純粋なので，アルゴリズムが終了し，図16（p.159）に示す決定木を返します。

決定木の強みの一つは理解しやすいことです。また，決定木に基づき極めて精度の高いモデルを構築できます。例えば，「ランダムフォレストモデル」は決定木の集まりで構成されていて，それぞれの木が学習データの無作為な副標本を使って学習し，それぞれのクエリにモデルが返す予測は森のすべての木々の多数決による予測です。決定木は名義データと順序データの

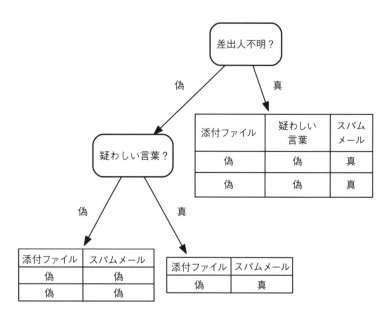

図18　決定木に二つ目のノードを追加

両方に対しうまく機能しますが，数値データを苦手とします。決定木では，ノードでテストされる属性の領域で，それぞれの値に対する各ノードから別の枝が下に伸びます。しかし，数値属性はその領域に無数の値を持ち，これは木に無数の枝が必要になることを示唆します。この問題の一つの解決策は，数値属性を順序属性に変換することですが，そうするには適切な閾値の定義が必要となり，これも同様に難しい場合があります。

　最後に，木が成長するにつれて決定木学習アルゴリズムはデータセットを繰り返し分割するため，以前にも増してノイズ（誤ってラベルづけされたインスタンスなど）に対する感度が高くなります。それぞれの枝に関する例題のサブセットが小さくなるので，各分類規則が基準とするデータ標本の規模も小さくなります。分類規則を規定するために使用されたデータ標本の規模が小さくなるほど，規則のノイズへの感度は高くなります。したがって，決定木を浅く留めておくのは得策といえます。一つの手法として挙げられるのは，枝にあるインスタンスの数があらかじめ定義した閾値（例えば，20インスタンス）未満のとき，枝の成長を止めてしまう手法です。別のアプローチは，木をどんどん成長させてから，剪定して木をすっきりさせる手法です。一般的にこのようなアプローチでは，統計的テストを用いるか，このタスクのために特別に選んだ一連のインスタンスを使用するモデルのパフォーマンスを利用して，剪定の必要がある木の根元付近の裂け目を探し当てます。

データサイエンスのバイアス

　機械学習の目標は，データセットから導き出される適切な汎化をエンコードすることです。二つの主な要素が，機械学習アルゴリズムがデータセットから生成する汎化（すなわちモデル）に寄与します。一つ目は，アルゴリズムが実行するデータセットです。データセットが母集団の標本ではない場合，アルゴリズムが生成するモデルの精度は低くなります。例えば，前の章で，BMIに基づいて，ある人が2型糖尿病を発症する確率を予測する回帰モデルを考案しました。このモデルは白人のアメリカ人男性のデータセットから導き出されました。したがって，このモデルが女性や別の人種または民族的背景を持つ男性の糖尿病発症の確率の予測に使用されるとしたら，恐らくこのモデルの精度は低くなるでしょう。「標本バイアス」とは，統計分析であろうと機械学習を使用した予測モデルの生成であろうと，データセットの選択に使われたプロセスがどのようにして，その後の分析にバイアスを持ちこむかを説明する用語です。

　データセットから生成されたモデルに影響を与える二つ目の要素は，機械学習アルゴリズムの選択です。多数の異なる機械学習アルゴリズムが存在し，それぞれがデータセットからの汎化を異なるやり方でエンコードします。アルゴリズムがエンコードする汎化の種類は，アルゴリズムの「学習バイアス」（または「モデリングバイアス」あるいは「選択バイアス」と呼ばれることもあります）として知られます。例えば，線形汎化アル

ゴリズムはデータから線形の汎化をエンコードするため，データにより当てはまる可能性のある非線形の関連性を無視します。通常，バイアスは好ましくないものと考えられています。例えば，標本抽出バイアスとは，データサイエンティストが避けようとする類のバイアスです。しかし，学習バイアスがなければ学習できることもなくなり，アルゴリズムはデータを記憶する以外のことができなくなってしまいます。

　ところが，機械学習アルゴリズムは異なる種類のパターンを検索する傾向があり，また，すべての状況にわたってバイアスを学習するアルゴリズムがないという理由から，機械学習アルゴリズムに勝るものはありません。事実，「ノーフリーランチ定理」(出典：ウォルパートおよびマクリーディ　1997年)として知られる定理は，可能性のあるすべてのデータセット全域で他のすべてのアルゴリズムより平均的に勝るような最強の機械学習アルゴリズムは存在しないと断言しています。つまり，通常CRISP-DMプロセスのモデリングのフェーズは，異なるアルゴリズムを使用して複数のモデルを構築し，モデル同士を比較したうえで，どのアルゴリズムが最良のモデルを生成するか見極めます。要するに，このような試みによって，特定のデータセットやタスクに対してどの学習バイアスが平均して最良のモデルを作成するかをテストしているのです。

モデルの評価：記憶ではなく汎化を基準に

データサイエンティストが機械学習アルゴリズムを選択し，データセットを実験したら，次の重要なタスクはそのアルゴリズムによって生成されたモデルの評価方法のテスト計画を作成することです。テスト計画の目標は，評価によって，未知のデータを使用するモデルのパフォーマンスについての現実的な予測値を確実に得ることです。単にデータセットを記憶するだけの予測モデルは，恐らく新しい値を予測するのにはあまり適していないでしょう。単純にデータを記憶するだけでは，多くのデータセットにノイズが含まれるという問題が生じます。つまり，単にデータを記憶しているだけの予測モデルは，データ中のノイズも記憶しているわけです。もう一つの問題は，予測プロセスで実行されるのがテーブル検索のみとなり，学習データからテーブルに存在しない新しい例題をどのように汎化するかという問題が未解決になる点です。

テスト計画の一部は，モデルの学習やテスト用にどのようにデータセットを使用するかということに関連します。二つの目的のためにデータセットを使用しなければなりません。一つ目は，最良のモデルを生成するアルゴリズムの発見です。二つ目は，最良なモデルの汎化性能の推定，すなわち，そのモデルがどの程度，未知のデータに対し効果的かを推定することです。モデル評価の黄金律は，決してすでに学習したデータと同じデータを使ってモデルをテストしないということです。モデル

の学習とテストに同じデータを使用することは，テストの前日に学生に試験問題を配るのと同じことです。当然，学生はテストで非常に良い結果を出せるはずですが，彼らの点数は教材全体の真の習得度を反映したものではありません。つまり，同じことが機械学習にもいえます。すでに学習したデータと同じものでモデルを評価した場合，モデルの本当のパフォーマンスよりも評価結果は甘くなります。学習中にモデルがテストデータを盗み見できないようにする標準的な手順は，データを学習セット，検証セット，テストセットの三つに分割することです。比率はプロジェクトごとに異なりますが，50対20対30および40対20対40が一般的です。データセットの規模が分割の比率を決める鍵となります。一般的に，データセットが大規模なほど，テストセットも大きくなります。学習セットは初期のモデルの学習に用いられます。次に検証セットは，このようなモデルのパフォーマンスを未知のデータを使って比較します，検証セットでモデルのパフォーマンスを比較することで，生成されたアルゴリズムのなかから最良のモデルを決定できます。最良のアルゴリズムが選択されたら，学習セットと検証セットを大規模な学習セットに戻して結合し，結果として生成されたデータセットを最良のアルゴリズムの入力として使用し，最終的なモデルを構築します。最良のアルゴリズムを選択するプロセスが実行されている間にテストセットを使用したり，この最終的なモデルの学習にテストセットを使用したりしないことが

極めて重要です。この「警告」に従えたとしたら，未知のデータについてのこの最終的なモデルの汎化性能を統計的に推定するために，テストセットを使用することができます。

　テスト計画における別の重要な要素は，テストに使用する適切な評価測定基準の選定です。一般的には，モデルの出力がどのくらいの頻度でテストセットにリストされた出力と一致するかを基準として，モデルを評価します。ターゲット属性が数値の場合，二乗誤差の和がテストセットのモデルの精度を測定する一つの方法です。ターゲット属性が名義属性または順序属性だとしたら，モデルの精度を推定する一番簡単なやり方は，モデルが正しく回答したテストセットの例題の割合を計算することです。しかし，状況によっては評価の中に誤差分析を含めることが重要です。例えば，医療診断のためにモデルが使用されるのであれば，モデルが何も問題のない健康な患者を病人と診断するより，病気の患者を健康だと診断するほうがずっと由々しき問題です。病気の患者を健康と診断した結果，その患者は適切な医療処置を受けずに自宅に帰されますが，たとえモデルが健康な患者を病気だと診断したとしても，その患者が後に受ける検査によって誤診が発覚する可能性は高いといえます。つまり，この種のモデルを評価するための評価測定基準は，モデルのパフォーマンスを予測する際に，他の誤差よりもある特定の種類の誤差に重みをつける必要があります。テスト計画が作成されたら，データサイエンティストはモデルの学習と評価に

モデル評価の黄金律は，
決してすでに学習したデータと同じ
データを使ってモデルを
テストしないということです。

着手できます。

まとめ

　本章の冒頭で，データサイエンスはデータサイエンティストとコンピューターの共同作業であると述べました。機械学習は大規模なデータセットからモデルを生成する一連のアルゴリズムを提供します。しかし，このようなモデルを実用的に使いこなせるかどうかはデータサイエンティストの熟練度に左右されます。データサイエンスのプロジェクトを成功させるには，データセットはその領域を典型的に表すものでなければならず，適切な属性を含んでいなくてはなりません。データサイエンティストは機械学習アルゴリズムの範囲の数値を求め，最良のモデルを生成するアルゴリズムを発見します。モデル評価プロセスは，すでに学習が実行されたデータを使ってモデルを評価しないという黄金律に従わなくてはなりません。

　現在，多くのデータサイエンスのプロジェクトでは，使用するモデルを決定する主な基準はモデルの精度です。しかし，近い将来，データ利用とプライバシー規制が機械学習アルゴリズムの選択に影響を与えることが予想されます。例を挙げると，ヨーロッパ連合（EU）は 2018 年 5 月 25 日に EU 一般データ保護規則を施行しました。第 6 章でデータ利用に関連する規制について論じますが，この章では，規制には自動決定プロセスに関連する「説明を求める権利」を認めることを義務化している

と解釈できるような条項がいくつか含まれている点だけを指摘しておきます[13]。そのような権利が潜在的に示唆するのは，個人に関連するような決定についての解釈が難しいニューラルネットワークのようなモデルの使用が問題になる恐れがあるということです。そのような状況では，決定木のように，透明度が高く説明しやすいモデルの使用がより適切といえるかもしれません。

最後になりますが，世界は変わっても，モデルは変わりません。データセット構築，モデル学習そしてモデル評価の機械学習プロセスに関する暗黙の了解は，未来は過去と変わらないという仮定のもとに成り立っています。この仮定は「定常性の仮定」として知られています。モデル化されているプロセスや反応は時間が経っても定常である（言い換えれば，変わらない）という意味です。データは過去に行われた観測の標本であるという意味で，本質的にデータセットは過去のものです。要するに，機械学習アルゴリズムは未来に向けて汎化される可能性のあるパターンを過去から探し出しているのです。当然，この仮定が常に有効とは限りません。データサイエンティストは，時の経過とともにいかにプロセスや反応が変化するか，または逸脱していくかを説明するのに「コンセプトドリフト」という用語を使います。やがてモデルは廃れるし，そうなれば再学習が必要です。そして，図4（p.76）のCRISP-DMプロセスの外円部分でも，まさにデータサイエンスが反復作業から成り立って

いることを強調しました。モデリング後の展開でもこのプロセスを実行し，モデルが廃れていないかを確認し，もし廃れた場合は，再学習をしなければなりません。このような決定の大部分は自動化が不可能であり，人間の洞察と知識が必須です。コンピューターは質問を投げかけられれば答えを返しますが，人間は注意を払わない限り，いとも簡単にコンピューターに間違った質問を投げかけてしまいます。

第5章

標準的なデータサイエンスのタスク

　データサイエンティストに必要とされる最も重要なスキルの一つは，現実社会の問題を標準的なデータサイエンスのタスクとして組み立てる能力です。多くのデータサイエンスのプロジェクトは，以下に挙げる4つの一般的な種類のタスクの一つに属するものとして分類できます。

・クラスタリング(またはセグメンテーション)
・異常(または外れ値)検知
・相関ルールマイニング
・予測(分類と回帰の下位問題を含む)

　プロジェクトがどのようなタスクを対象とするかを理解することで，プロジェクトについての多くの意思決定が容易になります。例えば，予測モデルの学習にはデータセットのインスタ

ンスのそれぞれにターゲット属性の値が含まれる必要があります。つまり、プロジェクトが予測を実行していると理解することで、データセット設計に関する方向性が（要件を通じて）得られます。また、タスクを理解することで、使用すべき機械学習アルゴリズムに関する情報も得られます。多数の機械学習アルゴリズムが存在しますが、各アルゴリズムは特定のデータマイニングのタスク向けに設計されています。例えば、決定木モデルを生成する機械学習アルゴリズムは、主に予測タスク向けに考案されています。機械学習アルゴリズムとタスクの関連性は多対一であるため、タスクについてわかっても使用すべきアルゴリズムが明確になるわけではありませんが、そのタスク向けに設計されたアルゴリズム一式が明確になります。データサイエンスのタスクはデータサイエンス設計と機械学習アルゴリズムの選定の両方に影響を与えるので、プロジェクトでどのタスクを対象とするかについて、プロジェクトライフサイクルの早い段階、理想的にはCRISP-DMライフサイクルの「ビジネスの理解」フェーズで決定しなければなりません。このようなタスクの一つ一つについての理解を深めるため、本章では標準的な業務上の問題をタスクに結びつける方法を紹介します。

顧客像を探る（クラスタリング）

　データサイエンスが最も頻繁に適用されるビジネス領域の一つが、マーケティングと販売キャンペーンです。対象を絞った

マーケティングキャンペーンを企画するには，対象となる顧客を理解する必要があります。多くの企業がさまざまなニーズをもつ幅広い層の顧客を抱えているため，複数のセグメントで構成される顧客基盤に対し画一的なアプローチをとると，失敗する可能性が高くなります。それぞれが顧客基盤の重要なセグメントに関係する顧客のペルソナ，つまり顧客プロフィールをいくつか選び出し，それぞれのペルソナを対象とするマーケティングキャンペーンを考案するほうがアプローチとして適切でしょう。その分野の専門知識を活用してもこのようなペルソナを作成できますが，通常は企業が保有している顧客に関するデータに基づきペルソナの基盤を構築するのが無難です。顧客に関する人間の直感は，多くの場合，重要ですが明確に認識されていないセグメントを見落としやすく，微妙な違いに気を配る必要のあるマーケティングに適用できるほど精度は高くありません。例を挙げると，メタ・S・ブラウン（2014年）は，あるデータサイエンスのプロジェクトにおいて，典型的な「サッカーマム」（多くの時間を子どものサッカーやその他のスポーツの送り迎えに費やす郊外在住の主婦）が顧客基盤と一致しなかった例を報告しています。しかし，データ駆動型のクラスタリングプロセスを利用することで，「小さい子どもを託児所にあずけて家庭の外でフルタイムで働く母親，高校生の子どもがいてパートタイムで働く母親，食と健康に関心のある子どものいない女性」というように，さらに対象をしぼったペルソナが

特定されたのです。このような顧客のペルソナによって，マーケティングキャンペーンの対象がより明確に定義され，それ以前は知りえなかった顧客基盤内のセグメントが浮き彫りになります。

　この種の分析に対する標準的なデータサイエンスのアプローチは，問題を「クラスタリング」タスクとして組み立てることです。クラスタリングには，データセットのインスタンスを類似のインスタンスを含むサブグループに分類する作業が伴います。通常，クラスタリングでは，データアナリストはまずデータのなかから特定したいサブグループの数を決定する必要があります。専門知識に基づき，またはプロジェクトの目標に沿って決定します。次に，アルゴリズムのパラメーターの一つとして希望する数のサブグループを入力し，データにクラスタリングアルゴリズムを実行します。するとアルゴリズムはインスタンスの属性値の類似性をもとにインスタンスをグループ分けし，該当する数のサブグループを生成します。アルゴリズムによってクラスタが生成されると，その分野の専門家がクラスタを見直し，それが意味あるものかどうか判断します。マーケティングキャンペーンの企画という文脈では，この見直しにはグループが実際に顧客ペルソナを反映しているか，あるいは，それまで考慮されなかった新しいペルソナを発見しているかどうか確認する作業が伴います。

クラスタリングの際に顧客についての記述に使用できる属性は

顧客に関する人間の直感は，
多くの場合，重要ですが
明確に認識されていないセグメントを
見落としやすく，微妙な違いに
気を配る必要のあるマーケティングに
適用できるほど精度は
高くありません。

数多くありますが，典型的な例として，人口統計的情報（年齢，性別など），居住地（郵便番号，郊外または都市の住所など），取引情報（過去に購入した製品やサービスなど），その顧客から会社が得た収益，いつからの顧客か，ポイントカードの会員かどうか，商品を返品したり，サービスに関して何かクレームをつけたことがあるかなどが挙げられます。すべてのデータサイエンスのプロジェクトに当てはまることですが，クラスタリングにおける一番の課題は，最善の結果を導き出すためにどの属性を選び，どの属性を除外するかを決定することです。この属性の選択に関する決定には，実験の反復とそれぞれの反復の結果を人間が分析する作業が伴います。

　よく知られているクラスタリング向けの機械学習アルゴリズムに，k平均法アルゴリズムがあります。kは，アルゴリズムがデータのなかからkクラスタを探すことを示します。kはあらかじめ定義される値であり，多くの場合，試行錯誤的に異なる値をkに入力するという実験的なプロセスを経て設定されます。k平均法アルゴリズムでは，データセット中の顧客について記述する属性はすべて数値属性とします。データセットに数値属性以外の属性が含まれる場合，k平均法を用いるためにこれらの属性を数値にマッピングするか，数値属性以外の属性を処理できるようにアルゴリズムを修正する必要があります。アルゴリズムは一人ひとりの顧客を点群（すなわち散布図）のなかの1点とみなし，顧客の位置はその顧客のプロフィールの属

性値によって決定されます。アルゴリズムの目標は，点群のなかにあるそれぞれのクラスタの中心地を見つけることです。つまりkクラスタがあるということは，kクラスタの中心（つまり平均値）も存在します。k平均法アルゴリズムの名称はこれに由来します。

　k平均法アルゴリズムでは，まず最初のクラスタ中心となるkインスタンスを選びます。現行のベストプラクティスでは「k平均法＋＋」というアルゴリズムを用いて最初のクラスタ中心を選びます。k平均法＋＋を使用する根拠は，最初のクラスタ中心はできるだけ分散されているほうがよいとされているためです。最初にデータセット内のインスタンスの一つが無作為に選ばれ，2番目以降のクラスタ中心は，既存の最も近いクラスタ中心からそれぞれのインスタンスまでの距離を測り，その二乗をすべてのインスタンスとの距離の二乗を足したもので割って計算した確率に基づき選びます。すべてのkクラスタ中心を初期値として設定したら，次の2段階のプロセスを反復することで，アルゴリズムが機能します。第1段階では各インスタンスを最も距離の近いクラスタ中心に割り当て，第2段階では割り当てたインスタンスの中央にクラスタ中心が来るように更新。最初の反復では，k平均法＋＋アルゴリズムが返す最も近いクラスタ中心にインスタンスが割り当てられます。次にこれらのクラスタ中心を移動して，移動したクラスタに割り当てられたインスタンスの中心に置きます。クラスタ中心を移動する

と，それらの中心がいくつかのインスタンスに近づき，他のインスタンスから遠ざかる（クラスタ中心に割り当てられたいくつかのインスタンスから遠ざかることを含む）可能性が高くなります。そこで再び，最も近くの更新クラスタに中心を割り当てます。同じクラスタ中心にそのまま割り当てられるクラスタもあれば，新しいクラスタ中心に割り当てられるクラスタもあります。新しいクラスタ中心に割り当てられるインスタンスがなくなるまで，このインスタンスの割り当てと中心の更新のプロセスを繰り返します。k平均法アルゴリズムは非決定論的，つまりクラスタ中心の開始位置が異なるため，異なるクラスタが生成される可能性が高くなることを意味します。その結果，通常はアルゴリズムを数回実行した後，これらの異なる実行結果を比較して，データサイエンティストに専門知識と理解があるという前提で，最も理にかなっているように思われるクラスタを探し出します。

　顧客ペルソナのクラスタが有効とみなされると，多くの場合，クラスタのペルソナが持つ主な特徴を反映する名前がクラスタにつけられます。各クラスタの中心は，それに関連したクラスタ中心の属性値から生成されたペルソナの説明とあわせて，異なる顧客ペルソナを定義します。k平均法アルゴリズムは同じ大きさのクラスタを返す必要はなく，実際，違う大きさのクラスタを返す可能性が高くなります。ただし，マーケティング戦略を立てる際の手がかりとして，クラスタのサイズが有益な情

すべてのデータサイエンスの
プロジェクトに当てはまることですが,
クラスタリングにおける一番の課題は,
最善の結果を導き出すために
どの属性を選び,
どの属性を除外するかを
決定することです。

報となるケースもあります。例えば，クラスタリングによって，現行のマーケティングキャンペーンで取りこめていない，小規模かつ的を絞った顧客クラスタが明らかになる可能性があります。あるいは，別の戦略として考えられるのが，多額の収益をもたらす顧客の含まれるクラスタに集約することです。どのようなマーケティング戦略を採用するにしても，マーケティングを成功に導くには，顧客基盤内のセグメントを理解する必要があります。

　分析的アプローチとしてのクラスタリングの利点の一つは，大部分の種類のデータに適用できることです。その汎用性ゆえ，多くのデータサイエンスのプロジェクトの「データの理解」の段階で，しばしばクラスタリングはデータ探索ツールとして使用されます。また，クラスタリングは幅広い分野で役に立ちます。例えば，特別な支援が必要な，または通常とは異なる学習アプローチを望む学生のグループを特定するための分析にクラスタリングが利用されてきました。また，文献集から類似文献のグループを特定したり，科学の領域ではバイオインフォマティクス（生命情報科学）分野でマイクロアレイ解析による遺伝子配列分析にもクラスタリングが用いられています。

これは詐欺？（異常検知）

　異常検知または外れ値分析には，データセットの通常データと一致しないインスタンスを検索したり，特定する作業が含ま

れます。しばしば，このような不一致の例は「異常」または「外れ値」と呼ばれます。潜在的な不正行為を特定し，調査の開始のきっかけをつくるため，金融取引の分析に異常検知がしばしば使用されます。例えば，普段と違う場所で発生した取引，あるいは，あるクレジットカードで普段の取引に比べて著しく高額な取引がされていることを検知することで，異常検知による不正なクレジットカード取引が明らかになります。

　通常，多くの企業が異常検知のためにとる最初のアプローチは，異常な事象の特定を助ける専門知識に基づき，いくつかのルールを手動で規定することです。多くの場合，このルールセットはSQLまたは別の言語で定義され，業務用データベースやデータウェアハウス内のデータに適用されます。プログラミング言語のいくつかには，このようなタイプのルールのエンコードを促す特定のコマンドが含まれるようになってきました。例えば，現在のSQLのデータベース実装にはデータのパターン照合を促すMATCH_RECOGNIZE句が含まれます。クレジットカードの不正使用でよく見られるパターンとして，犯罪者はカードを使用して少額の買い物をすることでカードが使用可能かどうかまず確認します。問題なく取引が完了したら，カードが無効になる前に間髪入れずに高価な商品を購入します。SQLのMATCH_RECOGNIZE句によって，データベースプログラマーはこのパターンに合致する一連のクレジットカード取引を発見し，自動的にカードを利用停止にするか，あるいは，ク

レジットカード会社に警告を促すスクリプトを書きこめるようになります。時間が経つにつれて，例えば顧客が不正取引を報告するなど，さらに多くの異常取引が見つかります。そこで異常取引を特定するルールを拡大し，このような新しいインスタンスを処理します。

　ルールに基づく異常検知のアプローチの大きな欠点は，この方法でルールを定義すると，実際に起こってからでないと異常な事象を発見できず，従って企業も異常に気づけないことです。理想的には，多くの組織がはじめて異常が起こった時，あるいは，発生したとしてもまだ報告されていない時点での異常の発見を望んでいます。ある意味，異常検知はクラスタリングとは正反対です。つまり，クラスタリングの目的が似たようなインスタンスの集合を発見することであるのに対し，異常検知の目的はデータセットの残りのデータと異なるインスタンスを発見することです。この特性により，クラスタリングは自動的に異常を発見する際にも使用できます。異常検知にクラスタリングを使用するアプローチは二つあります。一つ目は，正常なデータをクラスタに集め，異常なレコードを別のクラスタに含める方法。異常レコードを含むクラスタはサイズが小さくなるので，レコード本体の大きなクラスタとはっきり区別できます。二つ目は，各インスタンスとクラスタ中心の距離を測定する方法。インスタンスがクラスタ中心から遠ざかるほど，異常である可能性が高くなり，調査が必要になります。

　異常検知への別のアプローチは，決定木のような予測モデルを学習してインスタンスが異常かどうか分類することです。しかし，通常そのようなモデルの学習には，異常レコードと正常レコードを両方含む学習データセットが必要です。また，異常レコードのインスタンスが2, 3個あればそれで十分というわけでもありません。正常な予測モデルを学習するために，データセットには各クラスの充分な数のインスタンスを含める必要があります。バランスのとれているデータセットなら，なお理想的です。バイナリ結果のケースでは，バランスのとれている状態とは，データの内容が50対50にわかれていることを意味します。一般に，異常検知のためにこのような学習データを入手するのは現実的には不可能です。なぜなら定義上，異常は稀な事象であり，データの1, 2%またはそれ以下の確率で発生すると考えられるためです。データに制約があるため，標準的な既製の予測モデルは使用できません。しかし，「ワンクラス分類器」として知られる機械学習アルゴリズムが存在し，これは異常検知データセットに特有の不均衡なデータを処理するように考案されています。

　よく知られているワンクラス分類器として，「ワンクラスサポートベクターマシン（SVM）」アルゴリズムがあります。簡単に説明すると，ワンクラスSVMアルゴリズムは一つのユニット（つまり単一のクラス）としてデータを詳細に調査し，インスタンスの主な特徴や予測される挙動を特定します。次に

アルゴリズムは各インスタンスが主な特徴や予測される挙動にどの程度一致しているか，または，一致していないかを示します。この情報はさらなる調査を可能にするインスタンス（すなわち異常レコード）の特定に利用できます。インスタンスが主な特徴や予測される挙動とかけ離れているほど，調査すべきケースである可能性が高くなります。

　異常事態が稀にしか起こらないということは，それだけ見逃しやすく，発見が難しいことを意味します。その結果，しばしばデータサイエンティストは複数の異なるモデルを組み合わせて異常を検知します。さまざまなモデルを用いて，さまざまな種類の異常を発見するのが狙いです。一般的に，すでにさまざまな種類の異常活動が定義されている企業内の既知のルールを補完する意味で，このようなモデルが使用されます。異なるモデルを意思決定管理ソリューションとして一つにまとめることで，一つ一つのモデルから導き出される予測を最終的な予測につながる意思決定に使用できます。例えば，四つのモデルのうち一つのモデルだけがある取引を不正として検出した場合，決定システムはそれを実際の詐欺とは判断せず，その取引は無視される可能性が高くなります。その反対に，四つのモデルのうち四つともがその取引を「詐欺の恐れあり」と判断した場合，データサイエンティストが詳しく調査できるようにその取引にフラグを立てます。

　異常検知はクレジットカード詐欺に限らず，多くの分野の問

題に適用できます。より一般的には，不正行為またはマネーロンダリングの可能性があり，さらなる調査が必要とされる金融取引の特定のため，手形交換所で使用されています。保険会社も，通常の保険金請求とは異なる請求を発見するため，保険金請求分析に使用しています。サイバーセキュリティの分野では，従業員によるハッキングの可能性または不審なふるまいや行動を検知し，ネットワークの不正侵入を発見するために使用されます。医療分野では，診療記録から異常を検出することは，病気の診断や，治療および効能の研究に役立ちます。そして，センサーやモノのインターネット技術利用の普及とともに，異常が検出される事象が発生し，何らかの措置を講じなければならない場合，データ監視や人間への警告という面で異常検知が重要な役割を果たすことになるでしょう。

ご一緒にポテトもいかがですか？（相関ルールマイニング）

　広く知られている販売戦略にクロスセリング，つまり商品を購入しようとしている顧客に，他にも関連商品や補完的な商品の購入を勧めるというものがあります。これは顧客により多くの商品の購入を促して購入金額を増やすと同時に，恐らく購入する意図があったが顧客が買い忘れている可能性のある商品について注意を喚起することで，顧客サービスを向上させるという狙いがあります。クロスセリングの典型的な例は，ハンバーガーショップの店員がハンバーガーだけを注文した客に対し，

「ご一緒にポテトもいかがですか？」と尋ねることです。スーパーや小売店は買い物客がまとめて商品を購入するとわかっているので，この情報を利用してクロスセリング機会の創出を試みます。例えば，ホットドッグを購入するスーパーの買い物客は一緒にケチャップやビールも買い物かごに入れる可能性が高くなります。このような情報を使って，店側は商品の陳列を工夫できます。店内にホットドッグとケチャップとビールを近くに並べれば，顧客は一気にまとめてこれらの商品を手に取りやすくなるうえ，ホットドッグを購入しようとしている買い物客はケチャップとビールを眺めて，この二つも買う必要があったと思い出す可能性があるので，店の売上にも一役買います。このような商品の相関性を理解することは，すべてのクロスセリングの基本です。

　相関ルールマイニングは，頻繁に共起するアイテムの集合を見つけようとする教師なしデータ分析手法です。典型的な相関ルールマイニング事例は「マーケットバスケット分析」と呼ばれるもので，小売ベンダーがホットドッグとケチャップとビールのようによく一緒に買われる商品のセットの特定を意図したものです。この種のデータ分析を実施するには，店側はそれぞれの顧客が来店のたびに購入したセット（つまり買い物かご）の商品を継続的に追跡します。データセットの各行は，特定の来店時に特定の買い物客によって購入された買い物かごの中の商品を表します。つまりデータセットの属性は店が販売する商

品です。これらのデータを前提に，相関ルールマイニングはそれぞれの買い物かごに入った商品の範囲内でよく一緒に購入されているものを探します。データセットのインスタンス（つまり，行）間の類似性や差異の特定に集中するクラスタリングや異常検知と異なり，相関ルールマイニングはデータセットの属性（つまり，列）間の関連性に注目します。一般的な意味では，相関ルールマイニングは商品と商品の相関性（共起性として測定される）を見つけます。企業は相関ルールマイニングを利用することによって，データに存在する可能性のあるパターンを見つけ，顧客の行動や活動に関する問いに答えられるようになります。マーケットバスケット分析を使用することで答えられる質問には，次のようなものがあります。「マーケティングキャンペーンは効果があったか？」，「この顧客の購買パターンは変わったか？」，「顧客の人生の転機となるような大きな出来事が起こったか？」，「商品の配置は購買行動に影響するか？」。そして「どの顧客を対象に新製品を売りこむべきか？」。

　アプリオリアルゴリズムは，主に相関ルールの作成に使用されるアルゴリズムです。このアルゴリズムには二つのプロセスがあります。

1.　指定した最小頻度で発生する一連の取引のすべてのアイテムの組み合わせを見つけます。このような組み合わせは「頻出

アイテムセット」と呼ばれます。

2. 頻出アイテムセットの範囲内で共起性の高いアイテムを表現するルールを生成します。アプリオリアルゴリズムは，別のアイテムまたは複数のアイテムが存在することを前提に，頻出アイテムセット内に，あるアイテムが含まれる確率を計算します。

　アプリオリアルゴリズムは，頻出アイテムセットのアイテム間の確率的関係を表す相関ルールを生成します。相関ルールは「IF（前件部），THEN（後件部）」の形をとります。このルールは，一つのアイテムまたはアイテムの集合つまり前件は，同じ買い物かごの中の商品の存在つまり後件を，同じ確率で含むと定義します。例えば，A，BおよびCを含む頻出アイテムセットから導き出されたルールは，トランザクションにAとBが含まれる時，Cも含まれる可能性が高いと定義するわけです。すなわち，以下のようになります。

IF｛ホットドッグ，ケチャップ｝，THEN｛ビール｝

　このルールはホットドッグとケチャップを購入する顧客はビールも購入する可能性が高いことを示唆しています。相関ルールマイニングが優れていることを証明するのによく引き合

いに出されるのが，「ビールとおむつ」の事例です。これは，1980年代にアメリカのある無名のスーパーマーケットが初期のコンピューターシステムを活用してレジのデータを分析したところ，顧客がおむつとビールを一緒に購入するという一風変わった相関性に気づきました。この規則性の理解のために導き出された推論は，幼児のいる家庭が週末を迎えると，おむつを買い足さなければならないと同時に，自宅でくつろぐためにビールを買う，というものです。店がこの二つの商品を並べて陳列したところ，売り上げが急増しました。ビールとおむつの話は，出所が不確かな「伝説」とされましたが，依然として相関ルールマイニングが小売業に恩恵をもたらす可能性を示唆する例です。

　相関ルールとつながりのある二つの主な統計的尺度に，「支持度」と「確信度」があります。相関ルールの支持度，すなわちトランザクション総数に対する前件と後件を含むトランザクション数の比率は，ルールにおいてどのぐらいの頻度でアイテムが共存するかを示します。相関ルールの確信度，すなわち前件を含むトランザクション数に対する後件を含むトランザクション数の比率は，前件の発生を条件に後件が発生する条件付き確率です。つまり，例えば「ホットドッグ」と「ケチャップ」を「ビール」と関連づける相関ルールの確信度が75％となる場合，ホットドッグとケチャップを購入した顧客の75％がビールも購入したことを意味します。ルールの支持度とは，ルールが適用される場合のデータセットの買い物かごの割合を単に記

録したものです。例えば，支持度5％は，データセットのすべての買い物かごの5％に「ホットドッグ，ケチャップ，ビール」という規則の中で三つのアイテムがすべて含まれているという意味です。

　小規模なデータセットからでも，多くの相関ルールを生成できます。ルール分析が複雑になりすぎないよう，通常は生成されたルールセットを選定して，支持度と確信度がともに高いルールに的を絞ります。支持度も確信度も低いルールにはあまり注意を払う必要はありません。なぜなら，そのルールは極めて少数の買い物かごにしか適用されない（支持度が低い），あるいは，前件と後件のアイテム間の相関性がほとんどない（確信度が低い）からです。取るに足らないルールまたは説明のつかないルールも同様に除外する必要があります。取りに足らないルールとは，その分野のビジネスをよく知っている人にとっては当たり前の相関性を意味します。説明のつかないルールとは，非常に不可解なので企業がどうすればそのルールを有益な行動に転換できるか理解に苦しむ相関性を意味します。説明のつかないルールは多くの場合，変則的なデータ標本です（つまり，ルールの相関性が疑われるもの）。ルールセットを選定したら，データサイエンティストは残りのルールを分析し，どの商品とどの商品に相関性があるのか理解し，組織内でこの新しい情報を応用することができます。通常，組織はこの新しい情報を利用して，対象顧客を絞ったマーケティングキャンペーン

を実施します。このようなキャンペーンでは，お薦め商品を含めたウェブサイトの更新，店内広告，ダイレクトメール，レジ係による他製品のクロスセリングなどが行われます。

　買い物かごの中のアイテムを顧客に関する人口統計データに関連づけると，相関マイニングはさらなる威力を発揮します。多くの小売店がポイントカード制度を導入している理由は，ここにあります。この制度を利用すれば，時間の経過とともに同じ顧客の違う買い物かごの商品にアクセスできるだけでなく，買い物かごの商品を顧客の人口統計学的属性（デモグラフィック）と結びつけることができるからです。このデモグラフィックに関する情報を相関分析に含めることで，特定のデモグラフィックに集中した分析が実現し，効果的なマーケティングや対象をしぼった広告を展開できます。例えば，企業が顧客の購買習慣に関する情報は持ち合わせていないものの，デモグラフィックに関する情報は入手できる場合，新規顧客にデモグラフィックに基づいた相関ルールを使用できます。デモグラフィック情報と組み合わせると相乗効果を発揮する相関ルールの例は以下の通りです。

IF　性別（男性）年齢（＜35）{ホットドッグ，ケチャップ}

THEN {ビール}

【支持度＝2％，確信度＝90％】

　相関ルールマイニングが適用される標準的な分野は，「買い物かごに入っている商品」と「買い物かごの中に入っていない商品」に絞られます。これは，商品を店舗またはオンラインショップへの一回の来店で購入すると仮定するという想定です。おそらくこのようなシナリオは大多数の小売業とその他の関連するシナリオに有効でしょう。しかし，相関ルールマイニングは小売業以外の幅広いビジネス分野でも効果的です。例えば通信業界では，相関ルールマイニングを顧客の通信量に適用することで，通信会社はどのようにサービスを組み合わせてパッケージ化すればいいか，計画が立てやすくなります。保険業界の場合，商品と保険金請求の相関性を調べるために相関ルールマイニングが利用されています。医療分野では，既存・新規の治療と医薬品の相関性を確認するために使用されています。さらに，銀行や金融サービス分野では，顧客の典型的な保有金融商品の種類やこれらの商品が新規または既存の顧客に適用できるかどうかを調べるために使われます。また，相関ルールマイニングは一定期間にわたる購買行動の分析にも活用されます。例えば，今日の時点で顧客に人気があるのは製品Xと製品Yですが，3か月後には製品Zに人気が集中するとしましょう。この時間周期を3か月続く買い物かごとみなすことができます。相関ルールマイニングをこのように時間的制限のある買い物かごに当てはめると，相関ルールマイニングの適用範囲が広がり，保守修理の段取り，部品の交換，修理サービスの依頼，

金融商品などにも適用できます。

チャーンなのかチャーンではないのか，それが問題だ（分類）

　顧客関係管理における一般的な業務上の課題は，ある個人客がある行動を取る確率の推定です。何らかの行動を起こすときの個人の傾向のモデル化が目的であるという理由から，「傾向モデリング」とはこの課題を説明する際に用いられます。この行動はマーケティング活動に対する反応から融資返済不履行，サービスの解約まで，多岐にわたります。サービスを解約する可能性が高い顧客を特定する技術は，特に携帯電話事業者にとって死活問題です。携帯電話事業者はかなりの出費を覚悟して，新規顧客を誘致します。実際，新規客の誘致にかかる費用は一般に既存客を維持する費用の5倍から6倍と推定されます（ヴァーベク他，2011年）。その結果，多くの携帯電話事業者は既存客をつなぎ留めるのに執心します。しかし，同時に費用を最小限に抑えたいとも願っています。つまり，単純に顧客全員に対し値下げとお得な新機種へのアップグレードを実施すれば，簡単に顧客をつなぎ留められるかもしれません。しかし，これは現実的な選択肢ではありません。それよりも，携帯電話事業者は近い将来解約しそうな顧客に的をしぼって，サービスを提供したいと考えています。もしサービスを解約しようとする顧客を特定し，もしかするとサービスのアップグレードや新しい料金パッケージを提案するなどして契約の継続を説得でき

れば，その顧客の引き留めにかかった費用と新規顧客勧誘にかかる費用の差額を節約できます。

「チャーン」とは，顧客があるサービスを解約して別のサービスに乗り換えることです。どの顧客が近い将来サービスや契約を解除・退会して去る可能性が高いかを予測する問題は「チャーン予測」として知られます。その名のとおり，これは予測タスクです。このタスクでは，チャーンのリスクがある顧客を分類します。多くの企業がこのような分析を利用して，通信，公益事業，銀行，保険その他の業界のチャーンを予測しています。企業が特に力を入れている成長分野が，社員の離職すなわち「チャーン」する社員の予測です。この予測では，ある一定期間以内に離職する可能性の高い社員を見極めます。

ある予測モデルが一つの入力に対してラベルすなわちカテゴリーを返すことは，「分類モデル」として知られます。分類モデルの学習には，対象となる事象がそれぞれのインスタンスで発生したかどうかを示すラベルづけがされた過去のデータが必要です。例えば，顧客チャーンを分類するには，各顧客（顧客一人につき一行）ごとにその顧客が以前に「チャーン」をしたかどうかを示すラベルづけがされたデータセットが必要です。データセットには，顧客のラベルごとにリスト化する「ターゲット属性」として知られる属性が含まれます。あるケースでは，チャーンのラベルを顧客レコードに割り当てる作業は比較的簡単なタスクです。例えば，顧客が会社に連絡して，定期購

読や契約をはっきりと取り消した場合です。しかし，チャーン事象は明示的に表示されない場合も考えられます。例えば，すべての携帯電話利用客が月額契約を締結しているわけではありません。なかにはプリペイド契約を締結し，前払いの金額を追加したい時にその都度，不規則な周期で口座に入金する顧客もいます。このような契約を締結している顧客が過去に「チャーン」をしたかどうかは，はっきりわからない場合があります。2週間に1回も通話履歴のない顧客は「チャーン」したといえるでしょうか？　あるいは，プリペイド残高がゼロでこれといった活動が何もない状態が3週間続かない限り，その顧客が「チャーン」したとは断言できないでしょうか？　ビジネス上の観点からチャーン事象が否定された場合，データセットの各顧客にターゲットラベルを割り当てるため，この定義のコードを記述する必要が生じます。

　チャーン予測モデル用の学習データセットを構築する際のもう一つの複雑な要素は，時間のずれを考慮に入れなければならないことです。チャーン予測の目標は，顧客が将来のいずれかの時点で「チャーン」する傾向（つまり確率）をモデル化することです。結果として，この種のモデルでは，データセット作成時に時間的な次元を考慮しなくてはなりません。傾向モデルのデータセットの属性一式は，二つの異なる時間周期から導き出されます。つまり，「観察期間」と「結果期間」です。観察期間とは入力属性の値を計算する期間です。結果期間はターゲット

属性を計算する期間です。顧客のチャーンモデルを作成するビジネス上の目標は，顧客がチャーンする前に企業が何らかの介入措置を講じられるようにすることです。別の言葉で言えば，顧客がその会社のサービスを継続するように勧誘するということです。これは，実際に顧客がサービスを解約する前のいずれかの段階で顧客のチャーンに関する予測を実施しなければならないことを意味します。この期間は結果期間の長さであり，チャーンモデルが返す予測は実際に「顧客はこの結果期間内にチャーンする」となります。例えば，介入を実行するための業務プロセスのスピードによりますが，「その顧客は1か月ないしは2か月以内にチャーンする」と予測するようにモデルを学習できるかもしれません。

　結果期間の定義により，モデルの入力に使用すべきデータの種類は異なります。モデルがある顧客のレコードに対しモデルを実行した日から2か月以内にその顧客がチャーンするかどうかを予測するように設計されている場合，モデルを学習する際，すでにチャーンした履歴のある顧客がサービスを解約する2か月前の時点で入手できるデータのみ使用して，そのような顧客について説明する入力属性を算出しなければなりません。同様に契約を継続している顧客について説明する入力属性についても，このような顧客の2か月前の活動に関して入手できるデータを使用して算出します。このような方法でデータを作成することで，チャーン顧客と契約を継続している顧客の両方が含ま

れるデータセットのすべてのインスタンスが，これらの顧客に
関する予測をするために設計されているモデルの個人顧客の履
歴におけるその当時の顧客の状況を，確実に記述できるように
します。この例では，チャーンするかサービスを継続する2か
月前の状況ということになります。

　ほぼすべての顧客傾向モデルで，「年齢」，「性別」，「職業」
その他，顧客の人口統計的な情報を示す属性を入力として使用
します。継続中のサービスに関するシナリオでは，「契約直後」，
「契約の最中」，「契約満期間近」といった顧客ライフサイクル
を説明する属性が含まれる可能性も高くなります。さらに，そ
の業界に固有の属性である可能性も高くなります。例えば，通
信業界の顧客チャーンモデルでよく使用される典型的な属性に
は，顧客の平均請求額，請求金額の変遷，平均使用量，使用量
が通常プランの制限時間内かあるいは超過することが多いか，
ネットワーク内とネットワーク外の通話比，場合によっては携
帯電話の機種なども含まれます[1]。しかし，各モデルに使用さ
れる固有の属性はプロジェクトごとに異なります。ゴードン・
リノフとマイケル・ベリー（2011年）が発表した韓国のある
チャーン予測プロジェクトの結果から，顧客の携帯電話に関連
するチャーンレート（解約率）を示す属性（すなわち，観察期
間中にこの特定の携帯電話を解約した顧客の割合はどれぐらい
か）を含めると有効な値が得られることがわかりました。しか
し，カナダで同様の顧客チャーンモデルを考案したところ，携

帯電話端末機のチャーンレート属性はまるで役に立ちませんでした。韓国では新規顧客のみを対象に新型機種を大幅に割引したのに対し，カナダでは既存顧客と新規顧客の両方に同様の割引を提供したためです。全体的な効果でいえば，韓国では新機種が販売される当日に顧客がチャーンしていました。つまり，韓国の顧客にとっては，割引が携帯会社を乗り換える動機になったのです。しかし，カナダではそもそもこのような割引は乗換の動機とはなり得ませんでした。

ラベルづけされたデータセットが作成されると，分類モデル作成の次の段階は機械学習アルゴリズムを使用した分類モデルの構築です。モデリングの間，さまざまな機械学習アルゴリズムをいろいろ試してみて，そのデータセットに最もよく適合するアルゴリズムを検索するのは間違いのないやり方です。最終的なモデルを選択したら，モデルの学習フェーズ中に使用されなかったデータのサブセットを使ってモデルをテストし，新しいインスタンスでこのモデルの予測精度を測定します。モデルの精度が申し分ない程度に高く，業務上のニーズに見合っているとみなされたら，モデルを展開し，バッチ処理またはリアルタイムで新しいデータに適用します。モデルを展開する際に非常に重要なのは，適切なビジネスプロセスやリソースが準備できているかきちんと確認し，効率的にモデルを使用できるように環境を整えることです。モデルによる予測が顧客への効果的な介入につながり，結果として，企業が顧客を維持できるよう

なプロセスが存在しなければ，顧客チャーンモデルを作成する意味はありません。

　分類ラベルの予測に加え，予測モデルによって予測におけるモデルの自信度を測る指標も得られられます。この指標は「確率予測」と呼ばれ，0から1までの値を取ります。値が高くなるほど，予測の精度が高くなります。確率予測値を利用して，注意を要する顧客の優先順位づけができます。例えば，顧客チャーン予測をしようとする組織は，チャーンする可能性が最も高い顧客を集中的に予測することを望んでいます。確率予測を使用し，この値をもとに「乗り換え客」を分類することで，企業は重要な顧客（サービスを解約する可能性が最も高い顧客）に集中的に対応し，その後で確率予測スコアの低い顧客に対応できます。

費用はいくら？（回帰）

　価格予測とは，ある製品の特定時点での価格を推定するタスクです。製品は，車でも，家でも，石油でも，株でも，医療処置でも何でも構いません。物品の値段がいくらするか正確に予測することは，何かを購入しようと思いあぐねている購買予備軍にとって明らかに金銭的な価値があります。価格予測モデルの精度は，事業の分野次第です。例えば，変動しやすい株式市場では，明日の株価を予測するのは極めて困難です。それと比べて，住宅価格の変動は株に比べてかなり緩やかであり，競売

に出されている住宅の価格予測もかなり簡単であると予想されます。

　価格予測に継続中の属性値の予測が伴うということは，「回帰問題」が適用されるということです。回帰問題は構造的には分類問題と非常に似通っています。どちらの場合でも，一式の入力属性が与えられるとして，データサイエンスソリューションはある属性の欠損値を予測できるモデルの構築が必要になります。唯一の違いは，分類にはカテゴリー上の属性値の推定が伴い，回帰には継続する属性値の推定が伴う点です。回帰分析は，一つ一つの時系列インスタンスに対するターゲット属性値が列挙されたデータセットが必要です。第4章で紹介した多入力線形回帰モデルは，回帰モデルの基本的な構造について説明するものですが，他の回帰モデルの大多数はこのアプローチのバリエーションです。どの製品に適用されるとしても，価格予測の回帰モデルの基本構造は同じです。つまり，変化するのは属性の名称と数だけです。例えば，住宅価格の予測には，家の大きさ，部屋数，階数，その地域の平均住宅価格，その地域の平均的な家の大きさやその他の属性が入力に含まれるでしょう。それと比較すると，自動車の価格予測には，年数，走行距離，エンジンの大きさ，メーカー，ドアの枚数やその他の属性が含まれると予想されます。いずれの場合にも，適切なデータが与えられることを前提に，一つ一つの属性が最終価格にどれほど影響するかについてアルゴリズムが答えを返します。

　本章で例に挙げたすべての事例に当てはまることですが，価格予測の回帰モデルを用いた応用例は，回帰モデリングのタスクとして組み立てるのに適した種類の問題に限り，有効です。その他の多岐にわたる現実世界の問題にも回帰モデルを活用できます。一般的な回帰予測の問題が適用される例には，利益，販売額および販売量，サイズ，需要，距離および医薬品の投与量などの計算が含まれます。

第6章

プライバシーと倫理

　今日のデータサイエンスにとって未知の領域であり，かつ最大の問題は，社会の安全や利益と，個人や少数派の自由やプライバシーの間のバランスをいかにとるかという，古くからある議論に対する現代的な答えを，社会がどのように導き出すかということです。データサイエンスの環境では，この定番の議論は次のように表現できます。「テロとの闘い，医療の進歩，公共政策研究の支援，犯罪との闘い，不正検知，クレジットリスクの評価，保険の契約査定の提供，そして対象のグループをしぼった広告など，さまざまな背景のなかで，社会としての視点から見て適切な個人データの収集と利用の方法とは，どのようなものか？」

　データサイエンスは，データを通じて世界を理解する方法を示します。ビッグデータの時代にあって，これは非常に興味をそそることであり，確かに，データ駆動型のインフラや技術の

発展，採用を後押しする論拠はいくつもあります。効率性，有効性そして競争性の向上に関連する，少なくともビジネスの文脈において広く知られる論拠の一つとして，複数の学術研究による裏づけがあります。例えば，2011年に実施された大手上場企業179社に関する調査によると，企業の意思決定がデータ駆動型であるほど，企業の生産性が高くなる傾向にあります。「DDD（データ駆動型意思決定）を導入している企業は，成果や効率性に関して，その企業の他の投資や情報技術の利用に基づく予測値を5 〜 6％上回る」（出典：ブラインジョルフソン，ヒットおよびキム　2001年，p.1）

　データサイエンスの技術導入や実践を後押しするもう一つの論拠は，安全保障の問題に関連しています。長年，政府は監視によって安全性が向上すると主張してきました。そして，2001年9月11日にアメリカで発生した同時多発テロ事件，さらに，それに世界中で続発したテロリストによる攻撃以降，この論拠に弾みがつきました。確かに，アメリカ国家安全保障局のPRISM監視プログラムの存在とアメリカ市民に関するデータが定期的に収集されていたことをエドワード・スノーデンが暴露したことが引き金となり，公の場で頻繁にこの論拠が言及されました。この論拠の影響力を明白に示す例として，当局が17億米ドルを投じユタ州ブラフデールのデータセンターに膨大な量の通信傍受データを格納できるシステムを構築したことが挙げられます（出典：キャロル　2013年）。

　しかし同時に，社会や政府，企業は，ビッグデータの世界に
おけるデータサイエンスの長期的な影響を理解するのに苦労し
ています。データの収集，保存，分析を取り巻く技術が急激に
発展していることを考えると，法制度の整備，データをめぐる
幅広い倫理的な議論，とりわけ個人のプライバシーの問題が後
手に回っていたとしても驚きではありません。このような困難
はありますが，データ収集や利用を取り巻く基本的な法の原則
を理解するのは重要であり，大抵の場合，実務にかなったこと
でもあります。また，データ利用やプライバシーにまつわる倫
理についての議論から，個人や市民が認識しておくべき心配な
傾向が浮き彫りになりました。

「商業的利益」対「個人のプライバシー」

　データサイエンスは，世界をより繁栄させ，安心して住める
場所にすることもできます。しかし，それぞれ異なる目的をもっ
たさまざまな組織が，まったく同じ論拠を主張する場合もあり
ます。試しに，データの収集，利用，入手のしやすさという点
で政府にオープンさや透明性の向上を求め，政府に責任を問う
権限を市民に与えるべきだとする公民権擁護団体の主張と，こ
れらのデータを利用して収益増加を望む実業界の似たような主
張を比較してみましょう（出典：キチン　2014年a）。実際，
データサイエンスは諸刃の剣です。政府の効率化，医療・保健
の向上，保険料の引き下げ，スマートシティ，犯罪の減少，そ

211

してさらに多くの方法によって私たちの生活をより良いものにするためにデータサイエンスを活用できる一方，個人の私生活をこっそりと見張ったり，本人の望まない広告を送りつけたり，公然と，また秘密裏に市民の行動を監視することにも，データサイエンスを利用できるのです（監視されているかもしれないという恐怖は，実際に監視されるのと変わらぬ苦痛をもたらします）。

　用途は同じであっても，多くの場合，データサイエンスには明らかに性質の異なる複数の要素をはらんでいます。例えば，医療保険の契約査定で使用されるデータサイエンスは，購買習慣やウェブ検索履歴などの情報が含まれる第三者のマーケティングのデータセットに加え，人々の生活様式に関連する何百もの属性を使用します（出典：バティ，トリパティおよびクロール他　2010年）。このような第三者データの利用は厄介です。なぜなら，保険料が高くなるのを恐れるあまり，エクストリームスポーツのウェブサイトを閲覧するといった特定の活動を避けるなど，保険加入者が自らの行動を制限する可能性があるためです（出典：メイヤー・シェーンベルガーおよびカカー　2014年）。しかし，このようなデータ利用は，血液検査などのより侵略的で費用のかさむ情報源の代替となるため，長期的には費用や保険料の削減をもたらし，結果的に医療保険の加入者数が増加するという理由で，その正当性が認められています（出典：バティ，トリパティおよびクロール他　2010年）。

　的をしぼったマーケティング目的での個人データの利用に関する議論において，商業的な利益と倫理上の配慮のどちらをとるかという意見の対立がよく見られます。ビジネス上の広告活動の観点からみると，個人データを利用する動機には，マーケティング，サービス，製品の個人に合わせたカスタマイズを望む一方，効率的なマーケティングを展開したいという事情があります。電気通信サービスの分野においては，以前利用したことのある顧客とつながりのある消費者を特定するなど，個人的なソーシャルネットワークのデータを活用すると，従来のマーケティングのアプローチと比較して，ダイレクトメールによるマーケティングキャンペーンの有効性が3倍から5倍上昇することが明らかになりました（出典：ヒル，プロボストおよびボリンスキー　2006年）。オンラインマーケティングの分野でも，データに基づく広告のカスタマイズの有効性が同様に認められてきました。例えば，2010年のアメリカにおけるオンラインのターゲティング広告の費用と有効性に関する調査では，「行動ターゲティング」[1]マーケティングと「ランオブネットワーク」マーケティング（特定のユーザーやサイトを設定せず，すべての種類のウェブサイトにわたり広告キャンペーンを大規模に展開するマーケティング手法）を比較しています（出典：ビールズ　2010年）。調査によると，行動マーケティングは費用がかさむ（2.68倍以上）ものの，効果が高く，ランオブネットワークマーケティングと比較すると2倍を超える顧客転換率

を記録しました。データに基づくオンライン広告の有効性に関するもう一つの有名な調査は，トロント大学とマサチューセッツ工科大学出身の研究者によって実施されたものです（出典：ゴールドファーブおよびタッカー　2011年）。研究者たちは，広告会社のユーザーのオンライン行動を追跡する能力に制限を加えるというヨーロッパ連合（EU）[2]の個人情報保護法の施行を利用して，この新たな制約を受けたオンライン広告の有効性（EU内）と，そのような制約を受けないオンライン広告の有効性（アメリカとその他のEU非加盟国）を比較しました。その結果，新たな制約を受けたオンライン広告の有効性は著しく低下し，調査参加者の購買意欲の65%も低下したと報告されました。この調査結果に対し異議が唱えられましたが（例えば，メイヤーおよびミッチェル，2012年を参照），個人に関して利用できるデータが多いほど，その個人を対象とした広告の有効性が高まるという論拠も裏づけられました。データに基づくターゲティング広告の支持者は，この論拠に基づき，広告主は無駄な広告を減らすことでマーケティング費用を節約して顧客転換率を改善できる一方，顧客はより適切な広告を受け取ることができるため，データに基づくターゲティング広告は広告主と顧客の双方に利があると主張しています。

　対象を絞ったマーケティングに個人データを利用することに関する，このいささか夢物語のような視点は，良く見積もっても問題を部分的にとらえたものです。おそらくターゲティング

広告に関連した最も懸念すべき事例の一つは，2012年に『ニューヨークタイムズ』紙に掲載されたアメリカのディスカウント小売店によるターゲティング広告に関する記事に見ることができます（出典：デュヒッグ　2012年）。人生の中で購買習慣が劇的に変化する時期がいくつかありますが，その一つが妊娠と出産の時期であるというのは，マーケティング業界ではよく知られていることです。この人生における劇的な変化のために，マーケティング担当者は妊娠を消費者の購買習慣とブランドロイヤリティの転機とみなします。公開されている出生証明書を利用して，多くの小売業者が新米の親たち向けにカスタマイズしたマーケティングの契機とし，ベビー用品関連の特売セール通知を送付します。競争優位性を獲得するために，対象を妊娠初期（理想的には妊娠16週目まで）に絞り，妊娠を公表する前の妊婦の顧客を探し出したいと考えました[3]。これについてのヒントさえ得られれば，競合他社が赤ちゃんの誕生を知る前に，顧客のニーズや嗜好にあわせてカスタマイズしたマーケティングに着手できるはずです。この目標を達成するために，顧客の購買習慣に関する分析に基づいてその人が妊婦かどうかを予測するという狙いのもと，データサイエンスのプロジェクトに着手しました。このプロジェクトの出発点は，対象のベビーシャワーレジストリー（出産や育児に必要なマタニティ用品やベビー用品の欲しいものをリストにし，家族や友人に公開したサイト）に登録した女性の購買習慣を分析することでした。分

析の結果，妊娠中の女性は妊娠16週目初期に大量の無香料ローションを購入し，妊娠20週目までの期間を通じて特定の栄養補助食品を購入する傾向があることが明らかになりました。この分析をもとに，約25個の製品と指標を使用して，それぞれの顧客に「妊娠予測」スコアを割り当てました。ある中年の男性が店舗に来て，高校生の娘宛にベビー服やベビーベッドのクーポンが送付されてきたと苦情を言った時，他に良い言葉が見つかりませんが，このモデルの「成功」がはっきりと証明されました。この男性は，まるで娘の妊娠を奨励しているようだとこの大手小売チェーンを非難しました。ところが，その数日後，この男性の娘が実際に妊娠していて，そのことをまだ誰にも告げていなかったという事実が発覚しました。妊娠予測モデルは妊娠中の女子高生を探し当て，彼女が家族に告げようと決心する前にこの情報に基づいた活動を展開していたのです。

データサイエンスの倫理的影響：プロファイリングと差別

　女子高生の同意もなく，あずかり知らないところで彼女の妊娠を突き止めた事例から，個人だけでなく，社会の少数グループのソーシャルプロファイリングにもデータサイエンスを使用できることがわかります。ジョセフ・トゥローは著書『The Daily You: How the New Advertising Industry Is Defining Your Identity and Your Worth』（2013年）のなかで，マーケティング担当者がデジタルプロファイリングを活用して消費

者を「対象者」と「非対象者」のいずれかに分類し，この分類に
応じて個人顧客を対象に個人のニーズや好みに合わせたオ
ファーや販売促進を実施する手法を説明しています。つまり，
『「非対象者」と判断された顧客は無視されるか，趣味や収入か
ら判断してよりふさわしいとマーケティング担当者が考える他
の製品の広告の対象者として振り分けられます』（p.11）。この
ように，個人に合わせたカスタマイズにより，特定の人が優遇
され，その他の人は軽視される可能性があります。この差別の
わかりやすい例は，ウェブサイトで掲示される価格表示です。
顧客プロフィールに基づき，同じ製品にもかかわらず，ある顧
客には他の顧客より高い金額が請求されます。（出典：クリ
フォード　2012年）

　このようなプロファイルは複数の異なるノイズの多い断片的
なデータソースのデータを統合して構築されているので，広告
対象者個人の特徴を正確に反映していないことがよくありま
す。さらに悪いことに，こういったマーケティング向けのプロ
ファイルが商品として扱われ，他企業に販売されることもよく
あります。その結果，ある人物に関する否定的なマーケティン
グ評価が多くの事業ドメインにまたがり伝播してしまうおそれ
があります。先ほど，保険契約査定におけるマーケティング向
けデータセットの使用について触れましたが（出典：バティ，
トリパティおよびクロール他　2010年），このようなプロファ
イルは与信リスク評価や人生に影響を及ぼすその他の多くの意

このように，
個人に合わせたカスタマイズにより，
特定の人が優遇され，
その他の人は軽視される
可能性があります。

思決定にも使用される可能性があります。とりわけ，二つの側面が悪影響を及ぼします。まず，マーケティングプロファイルがブラックボックス（中の仕組みが不明で構造が複雑）である点，そして永続的な性質をもつ点です。個人に関するデータのうち，どの部分が記録されているのか，いつどこでデータが記録されたのか，そして，これらのデータを使用するという決定がどのような仕組みでなされているのかを知るのは難しいことからも，このプロファイルがブラックボックスのような性質をもっていることは明らかです。そのため，もしある人物が航空機の搭乗拒否リストやクレジットカードのブラックリストに載ることになっても，「差別の根拠を見極めたり，異議を申し立てるのが難しく」（出典：キチン　2014年a，p.177）なっています。そのうえ，現代社会ではしばしば長期間にわたってデータが保存されます。ある人物の人生におけるたった一つの出来事について記録されたデータが，その後も長きにわたって存在し続けるのです。トゥローが警告するように，「プロファイルが評判になる時，個人のプロファイルそのものがその人物に対する評価になるという事態が現実に起こっている」（2013年，p.6）のです。

　さらに，慎重に使用しなければ，データサイエンスによって実際に偏見が恒久的に残ったり助長されることがあります。データサイエンスは客観的だという人もいます。つまり，数字に基づいているのだから，人間の意思決定に影響を与えるよう

な偏った考え方や意見を織りこんだり，持つようなことはないというのが理由です。しかし実際には，データサイエンスのアルゴリズムは客観性を超越し，善悪の判断なしに実行されます。確かにデータサイエンスはデータのパターンを抽出します。ところが，データに社会の偏見が織りこまれれば，アルゴリズムはこのパターンを見つけだし，そのパターンをもとに出力する可能性が高くなります。確かに社会において偏見が続くほど，社会に関するデータに現れる偏見のパターンも強くなり，データサイエンスのアルゴリズムがその偏見のパターンを抽出し，模写する可能性が高まります。例えば，グーグルのオンライン広告システムについて研究者が行った調査から，システムがグーグルのプロファイルから女性と認識された被験者と比較して，男性と認識された被験者に対して高給の仕事に関連した広告の表示回数が多かったことが明らかになりました（出典：ダッタ，チャンツおよびダッタ　2015年）。

　データサイエンスのアルゴリズムによって偏見が増長される可能性があるということは，データサイエンスが警察活動に適用される場合，特に厄介です。予測型警察活動，PredPol（プレッドポル）[4)]とは，犯罪が起こる可能性が最も高い時間と場所を予測するように考案されたデータサイエンスツールです。都市部にPredPolを展開すると，複数の治安の悪い地域（それぞれ約15平方メートルの狭い面積）を地図上にプロットした日報が作成されます。この治安の悪い地域とは，よりも犯罪が

起こる確率が高いとシステムが判断したエリアを指し，それぞれの勤務時間帯に犯罪が起こるだろうとシステムが予測する治安の悪い地域に，その時間帯に勤務している警官をタグづけします。アメリカとイギリスの両国の警察署がPredPolを導入しています。この種のインテリジェントな警察システムの背後にある考えは，警察活動に必要なリソースの効率的な配備の実現です。表面的には，これはスマートなデータサイエンスの応用であり，効率的な犯罪の検挙や警察活動費用の削減につながる可能性があるように見えます。ところが，PredPolの精度と，同種の予測型警察活動のイニシアチブについて，疑問が生じています（出典：ハント，サンダースおよびハリウッド　2014年，オークランドプライバシーワーキンググループ　2015年，ハークネス　2016年）。さらに，この種のシステムに，警察活動における人種または階級に基づいたプロファイリングが織りこまれる可能性も指摘されました（出典：ボールドリッジ2015年）。過去データに基づいて警察が人員配備をすると，特定地域（典型的には，経済的に不利な状況を余儀なくされている地域）に警察官が集中することになり，今度はこのような地域で通報される犯罪件数が増えるおそれがあります。言い換えれば，犯罪予測がそのまま予言の自己成就となってしまいます。この悪循環の結果，ある地域では不相応に警察の監視が強化され，地域社会の住民と警察活動機関の信頼関係の崩壊を招くおそれがあります（出典：ハークネス　2016年）。

さらに，慎重に使用しなければ，
データサイエンスによって
実際に偏見が恒久的に残ったり
助長されることがあります。

　データ駆動型警察活動の別の事例として，銃犯罪の減少を目的にシカゴ市警察よって導入された戦略的対象者リスト（SSL）が挙げられます。このリストは2013年にはじめて作成され，当時銃による暴力のリスクが極めて高いと推定される人物として426人の氏名が挙がりました。先を見越して銃犯罪を防止するという試みで，シカゴ市警察はSSLに記載されている全員に連絡を取り，監視下にあることを警告しました。名簿に記載された対象者のなかには，この事実を非常に驚きをもって受け止めた者もいました。なぜなら，軽犯罪歴はあったものの，暴力事件に巻きこまれたという記録はなかったためです（出典：ゴーナー　2013年）。犯罪防止を目的とするこの種のデータ収集に関する疑問の一つが，果たして技術の精度はどの程度なのかということです。最近の調査によって，2013年のSSLに記載されていた人物が「殺人事件や銃撃の被害者になる可能性が対照群より低かった」ことが判明しました（出典：サンダース，ハントおよびハリウッド　2016年）。ところが，リストに氏名を記載された対象者は銃撃事件で逮捕される確率が高かったことも，この調査によって明らかになりました。しかし，リストに記載されたことで，結果的にこの人たちを警察官が意識的に監視するようになったため，この確率が高くなった可能性があると指摘されました（出典：サンダース，ハントおよびハリウッド　2016年）。この調査結果に反応して，シカゴ市警察はSSLのコンパイルに用いるアルゴリズムを定期

的に更新し，2013年以降SSLの有効性は向上したと発表しました（出典：リー　2016年）。データに基づく犯罪防止リストに関するもう一つの疑問は，なぜ特定の人物がリストに記載されることになるのか，ということです。2013年版のSSLは，ある人物の他の属性のなかから，知り合いや知人の逮捕歴や発砲事件歴を含むその人物の社会的つながりの分析を用いてコンパイルされたようです（出典：ドクーピル　2013年，ゴーナー　2013年）。一方，社会的つながりの分析を利用するという考えは妥当ですが，「関係者も同罪とみなされる」という非常に深刻な問題を招きます。この種のアプローチの問題の一つは，二人の人間の関連性に伴うものが何であるかを正確に定義するのが難しいという点です。同じ通りに住んでいるからといって，十分に関連性があるといえるでしょうか。さらに，アフリカ系アメリカ人とラテン系アメリカ人の男性が刑務所の収容者の圧倒的多数を占めるアメリカにおいて，予測型警察活動のアルゴリズムが関連性の概念を入力として使用することを可能にすれば，主に有色人種の若い男性を対象とした予測に始終してしまう可能性が高くなります（出典：ボールドリッジ　2015年）。予測型警察活動における予測では，個人の過去の行いではなく，その人物の未来の行動をデータに基づき推論するため，その人物のデータが本来あるべき形とは異なる方法で扱われる可能性があります。結果として，この種のシステムが過去データのパターンを摸倣することで差別的な慣習が強化され，予言の自己

成就につながるおそれがあります。

データサイエンスの倫理的影響：パノプティコンの創出

　データサイエンスを取り巻く商業的な宣伝合戦を多少なりとも見聞きする経験があれば，適切なデータが十分揃いさえすれば，データサイエンス技術を利用してどんな問題でも解決できるはずだという感触を得るはずです。このデータサイエンスの威力を活用したマーケティングは，データに基づくガバナンスの取り組みこそ，犯罪，貧困，質の悪い教育，劣悪な公衆衛生といった複雑な社会問題に取り組むための最善の方法であるという意見を後押しします。こうした問題を解決するために必要なのは，社会にセンサー(探知装置)を設置して，すべてを追跡し，すべてのデータを一つにまとめ，アルゴリズムを実行し，解決策を提供する重要な見識を生みだすことに尽きるという考えです。

　この主張が受け入れられると，しばしば二つのプロセスへの集約が起こります。第一に，社会の技術主義的性質が強まり，生活のさまざまな側面がデータに基づくシステムによって規制されはじめます。すでにこの種の技術規制の例は存在します。現在いくつかの法制度では仮釈放の公聴(出典：バークおよびブライヒ　2013年)や刑宣告(出典：バリー・ジェスター，カッセルマンおよびゴールドスタイン　2015年)にデータサイエンスが活用されています。司法制度以外の例を一つ挙げると，

ある交差点で一日の異なる時間帯にどの交通の流れを優先させるかを動的に判断するアルゴリズムを利用して，都市部の交通の流れを調整するスマートシティ技術について考察してみましょう（出典：キチン　2014年b）。この技術主導の調整の副産物は，自動規制システムを支援するセンサーの急増です。二つ目はある目的で収集されたデータが転用され，別の方法で規制するために利用される「漸次的制御」のプロセスです（出典：イネス　2001年）。例えば，交通渋滞の規制と混雑課金（ロンドンの混雑課金とは，混雑時にロンドン市内を運転する車両に対する1日当たりの料金）導入を主な目的としてロンドンに設置された交通カメラは，セキュリティの課題解決のために転用されました（出典：ドッジおよびキチン　2007年）。他の漸次的制御の例として挙げられるのが，ショットスポッター（ShotSpotter）と呼ばれる技術です。この技術は銃声を聞き分け，銃声が発生した場所を通報するために設計された市全域に及ぶマイクロホンネットワークで構成されますが，銃声だけでなく会話も録音し，そのいくつかは刑事上の有罪判決の実現（出典：ワイズマン　2015年），さらに州をまたいで運転する運転者を監視し，レンタカーの運転者に罰金を科す車載ナビゲーションシステム（出典：エリオット　2004年，キチン2014年a）に活用されました。

　ある意味，漸次的制御は，異なるソースのデータを統合することで，より完成した社会の縮図を提供する推進力となり，し

たがって社会システムに存在する問題についての詳細な見識が引き出される可能性を秘めています。多くの場合，データの転用にはそれ相当の理由があります。確かに，正当な目的，例えば医療研究や州および市民の利便性の支援のために，政府の異なる機関・部署が保有するデータを一か所に統合したいという要望が頻繁に寄せられます。しかし，市民の自由という観点から，このような傾向は非常に由々しき問題をはらんでいます。監視の強化，複数ソースからのデータ統合，漸次的制御，そして先見的ガバナンス（予測型警察活動プログラムなど）によって，まったく無関係で悪気のない一連の行動や出会いがデータ駆動型規制システムによって疑わしいとみなされるパターンに一致したという理由だけで，個人に疑いの目が向けられるような社会が待っているかもしれません。このような社会に生きるということは，私たちを自由市民からベンサムのパノプティコン[5]に収監される囚人へと変え，行動から導き出される推論を恐れるあまり，常に自らを律するようになるのでしょうか。自由社会と全体主義国家が根本的に異なる点は，前者では，人は自分が監視されていないと信じてそのようにふるまい，後者では，人はパノプティコンに収監されるという恐怖から自らを律するようになるということです。

失われたプライバシーを求めて

　技術的な現代社会と関わり合い，それとともに歩む人間であ

る以上，データの痕跡を残す以外の選択肢はありません。現実世界では，ビデオ監視システムの急増は，ある人物が通りを歩いたり，店で買い物したり，駐車するたびにその人物に関する位置データが収集されることを意味します。また，携帯電話の普及は携帯電話経由で多くの人の居場所や行動を追跡できることを意味します。現実世界のデータ収集の他の例としては，クレジットカードによる購入履歴，スーパーのポイントカードの利用，ATMでの引き出し記録の追跡，携帯電話の通話記録などがあります。インターネットの世界では，ウェブサイトを訪問したり，ログイン時，電子メールの送信，オンラインショッピング，デート，レストランまたは店舗のレビュー，電子書籍端末の利用，大規模なオープン型オンラインコースの受講，またはソーシャルメディアサイトで「いいね！」したり，何か書きこみをするたびに，個人に関するデータが収集されます。技術的な現代社会に暮らす平均的な人に関して収集されるデータ量を大局的に眺めると，2009年のオランダのデータ保護機関の報告書によれば，平均的なオランダ国民は250から500のデータベースに登録され，さらに社交的に活発な人になるとこの数字は1000まで上昇すると推定されました（出典：コープス　2011年）。ある人物に関連するデータポイントを総括すると，その人物の「デジタルフットプリント」が浮き彫りになります。

　デジタルフットプリントのデータは二つの状況において収集

が可能であり，いずれもプライバシーの観点から問題があります。第一に，本人の関知しないところ，または，気づかない間に，その人に関するデータが収集される可能性があり，第二に，状況によっては自分に関するデータや意見の共有を選択する場合もありますが，このようなデータがどのように使われるか，あるいは，どのように第三者と共有されたり，第三者によって転用されるかについて，本人にはほとんど，あるいは，まったくあずかり知らないところとなってしまう可能性があります。このような二つの状況におけるデータ収集を区別する際に，「データシャドー」と「データフットプリント」[6)]という用語が用いられます。データシャドーは本人の確認，同意または意識しないうちに収集されたその人物に関するデータで構成され，データフットプリントは本人が意図的に公開したデータで構成されます（出典：コープス　2011年）。

　本人の確認または同意なしにその人物に関するデータを収集することは，当然由々しき問題です。しかし，データのなかから隠れたパターンを発見する最新データサイエンス技術の力は，複数のソースからのデータ統合や別の目的への転用と相まって，ある状況では本人の確認および同意を得て収集されたデータだとしても，本人にとって予測不可能な弊害がその人物に及ぶ可能性があることを示唆します。今日，最新のデータサイエンス技術を用いると，本人が公にしたり他の人と共有することを望まない非常に個人的な情報を，自ら進んでソーシャル

メディアに投稿した一見無関係に思えるデータから確実に推測できます。例えば，多くの人が友だちに対する支持の気持ちを示したいという単純な理由からフェイスブックで「いいね！」をします。ところが，ある人物がフェイスブックで「いいね！」をした項目を使用するだけで，データ駆動型モデルはその人物の性的指向から政治や宗教観，知性や性格，さらに，アルコールや薬物，紙巻きタバコなど常習性の高い物質の消費に至るまで，正確に予測できます。それどころか，その人物が21歳まで親元で暮らしていたかどうかまで判断できるのです（出典：コジンスキー，スティルウェルおよびグレーポル　2013年）。このようなモデルに見られる前後関係を無視した関連づけの有効性は，人権運動に「いいね！」をする行為が同性愛者（男性女性を問わず）の予測指標であり，ホンダの車の「いいね！」は非喫煙者の予測指標であるという事実によって証明されています（出典：コジンスキー，スティルウェルおよびグレーポル　2013年）。

コンピューターを使用したプライバシー保護へのアプローチ

　近年，データ分析プロセスの至るところで，個人のプライバシー保護に向けたコンピューターを使用したアプローチへの関心がますます高まっています。最もよく知られている二つのアプローチは「差分プライバシー」と「フェデレーションラーニング（協調機械学習）」と呼ばれるものです。

　差分プライバシーはある母集団に関する有益な情報を学習するという問題への数学的なアプローチですが，同時にその母集団を構成する個人については何も学習しません。差分プライバシーでは，ある特別なプライバシーの定義が使用されます。つまり，分析を通じて導き出された結論が，ある個人のデータが含まれていたかどうかに関わりなく同じだとしたら，データ分析プロセスにその人のデータを含めたところで，その個人のプライバシーはおびやかされないという定義です。差分プライバシーを実行に移すうえでいくつかのプロセスが使用できます。このようなプロセスの中核にあるのは，データ収集プロセスまたはデータベースクエリへの答えにノイズを注入することです。ノイズによって個人のプライバシーが保護され，統合する段階でこのノイズはデータから除去することができるので，有効な母集団基準の統計計算が可能になります。ランダム回答法は，どの程度差分プライバシーのプロセスが機能するかに関する直感的に説明を与えるデータへのノイズ注入の実用例です。この手法の使用例は，機密度が高く回答に注意を要する「はい」か「いいえ」で答える質問（例：犯罪歴，健康状態など）が含まれるアンケート調査です。アンケート調査の回答者は，次のような手順に従って注意を要する質問に回答します。

1. 硬貨を投げて，結果（表か裏か）を誰にも言わないでください。
2. 裏だったら，「はい」と答えてください。

3. 表だったら，正直に答えてください。

　回答者の半分は裏が出るので，「はい」と回答します。残りの半分は正直に回答します。したがって，母集団全体のなかで「いいえ」を選んだ回答者の本当の数は，「いいえ」と答えた回答者の数 (約) 2倍です (硬貨を用いたこの方法は公平で，選択も無作為に行われます。したがって，裏が出た回答者の「はい」か「いいえ」の回答の分布は，正直に答えた回答者の数とまったく同じになるはずです)。「いいえ」を選んだ人の本当の人数がわかれば，「はい」を選んだ人の本当の人数が計算できます。しかし，注意を要する「はい」の条件に関する母集団の正確な数はわかっても，注意を要する条件が実際に適用される「はい」の回答者が誰なのかを特定することは不可能です。データに注入したノイズの量とデータ分析用データの実用性には「トレードオフ」が存在し，一方を取れば，もう一方を犠牲にしなければならないというジレンマがあります。データベース範囲内のデータ分布，処理中のデータベースクエリの種類，そして，それらを通じて私たちが個人のプライバシー保護の保証を願うクエリの数など，既定の要因に必要とされるノイズの数量を推定することで，差分プライバシーはこのトレードオフに対処します。シンシア・ドワークおよびアーロン・ロス (2014年) は，差分プライバシーと差分プライバシーを実行する際のさまざまなアプローチの概要をまとめ，紹介しました。今や差分プライ

バシー技術は数々の消費者製品に導入されています。例えば,アップルは個人ユーザーのプライバシー保護のためiOS 10に差分プライバシーを導入すると同時に,メッセージアプリの予測テキスト入力機能の向上や検索機能の向上のため,使用パターン学習を使用しています。

シナリオによっては,データサイエンスのプロジェクトに使用されているデータは,複数のまったく異なる種類のソースに由来しています。例えば,複数の病院が一つの研究プロジェクトに取り組んでいたり,あるいは一つの企業が多数のユーザーの各携帯電話のアプリケーションからデータを収集している場合があります。これらのデータを一つのデータリポジトリにまとめたり,一つに統合されたデータを使って分析を実行するより,異なるデータソースのデータのサブセットを使って(つまり,個々の病院または個々のユーザーの携帯電話で)異なるモデルを学習した後,別々に学習されたモデルを一つにまとめるという別のアプローチもあります。グーグルはこのフェデレーションラーニング手法を利用して,アンドロイド機種に搭載されたグーグルのキーボードによって実行されるクエリ候補提案機能を向上しています(出典:マクマハンおよびラマージュ2017年)。グーグルのフェデレーションラーニングのフレームワークでは,最新のアプリケーションが携帯電子機器に初期設定でインストールされています。ユーザーがアプリケーションを使用するたびに,そのユーザーのアプリケーションのデー

タが携帯電話機で収集され，その携帯電話のローカルの学習ア
ルゴリズムによって使用されることで，ローカル版モデルが
アップデートされます。次にこのモデルのローカルのアップ
デートがクラウドにアップロードされ，他のユーザーの電話か
らアップロードされたモデルのアップデートとあわせて平均化
されます。この平均値を使って中心モデルがアップデートされ
ます。このプロセスを活用することで，中心モデルが改善され，
ユーザーの利用状況データではなく，モデルのアップデートだ
けが共有される限り，個人ユーザーのプライバシーも同時に保
護できます。

データ利用の規制とプライバシー保護の法制度

　プライバシー保護と許容されるデータ利用に関する法律は，
司法管轄区ごとに異なります。しかし，ほとんどの民主的な司
法管轄区には，差別禁止法と個人データ保護法という二つの柱
があります。

　大半の法制度において，差別禁止法は次のいかなる理由によ
る差別も禁じます。障害，年齢，性別，人種，民族，国籍，性
的指向および宗教的または政治的な信条。アメリカでは，
1964年公民権法[7]によって肌の色，人種，性別，宗教および
国籍による差別が禁じられています。後に法律が改正され，こ
の項目が拡大されました。例を挙げると，1999年の障害を持
つアメリカ人法[8]によって，国民に対する障害による差別から

実際には，
データサイエンスの
アルゴリズムは客観性を超越し，
善悪の判断なしに実行されます。

の保護が拡大されました。その他多数の司法管轄区でも同様の法律が施行されています。例えば，ヨーロッパ連合基本権憲章はいかなる理由による差別も禁じ，そのなかには人種，肌の色，民族的または社会的起源，遺伝的特徴，性別，年齢，出生，障害，性的指向，宗教または信条，財産，国定少数民族の会員資格および政治的またはその他の意見が含まれます（出典：チャーター　2000年）。

　さまざまな司法管轄区で施行されているプライバシー法に，似たようなバラツキや部分的な重複が存在します。アメリカの公正情報行動原則（1973年）[9]は，その司法管轄区において後に続く多くのプライバシー法の基礎を築きました。ヨーロッパではデータ保護指令（ヨーロッパ連合理事会およびヨーロッパ議会，1995年）が，多くの司法管轄区のプライバシー法の基礎となっています。EU一般データ保護規則（ヨーロッパ連合理事会およびヨーロッパ議会，2016年）は，データ保護指令のデータ保護の原則を展開させたもので，すべてのEU加盟国での，首尾一貫した法的拘束力のあるデータ保護規則の規定を意図しています。しかし，個人のプライバシーとデータに関連して一般に広く認められている原則は，経済協力開発機構が勧告した，プライバシー保護と個人データの国際流通についてのガイドライン（OECD，1980年）です。このガイドラインの枠組では，個人データは「データ主体」として知られる特定個人に関連する記録と定義されています。ガイドラインはデータ

主体のプライバシー保護を意図する8つの（重複する）原則を下記の通り規定しています。

1. 収集制限の原則：いかなる個人データも，適法かつ公正な手段によって，かつ適当な場合には，データ主体に知らしめ又は同意を得たうえで，収集されるべきである。

2. データ内容の原則：個人データは，その利用目的に沿ったものであるべきであり，かつ利用目的に必要な範囲内で正確，完全であり最新なものに保たれなければならない。

3. 目的明確化の原則：個人データの収集目的は，収集時よりも遅くない時点において明確化されなければならず，その後のデータの利用は，当該収集目的の達成又は当該収集目的に矛盾しないでかつ，目的の変更毎に明確化された他の目的の達成に限定されるべきである。

4. 利用制限の原則：個人データは，第9条により明確化された目的以外の目的のために開示利用その他の使用に供されるべきではないが，次の場合はこの限りではない。
   （a）データ主体の同意がある場合，又は，
   （b）法律の規定による場合

5. 安全保護の原則：個人データは，その紛失もしくは不当なアクセス，破壊，使用，修正，開示等の危険に対し，合理的な安全保護措置により保護されなければならない。

6. 公開の原則：個人データに係わる開発，運用及び政策については，一般的な公開の政策が取られなければならない。個人データの存在，性質及びその主要な利用目的とともにデータ管理者の識別，通常の住所をはっきりさせるための手段が容易に利用できなければならない。

7. 個人参加の原則：データ主体は，個人データにアクセスしたり，異議を申し立てる権利を有する。

8. 責任の原則：データ管理者は，上記の諸原則を実施するための措置に従う責任を有する。

　ヨーロッパおよびアメリカを含む多くの国々がOECDガイドラインを支持しています。確かに，EU一般データ保護規則のデータ保護原則は概ねOECDガイドラインを参考にしています。EU一般データ保護規則は，EU圏内のヨーロッパ市民に関連する個人データの収集，保存，譲渡および処理に適用され，EU圏外へのデータの流出についても含みを持たせています。現在，EU一般データ保護規則に類似した，整合性のある

データ保護法が複数の国々によって策定されています。

倫理的なデータサイエンスに向けて

　法制度の整備にもかかわらず，しばしば安全保障や防諜の名目で，国家が国民や外国人のあずかり知らないところで頻繁に個人データを収集しているのは周知の事実です。アメリカ国家安全保障局のPRISMプログラム，イギリス政府通信本部のTemporaプログラム（出典：シュバー　2013年），そしてロシア政府のSystem for Operative Investigate Activities（有効的捜査手段システム，出典：ソルダトブおよびボロガン　2012年）などが，その代表的な例です。このようなプログラムは政府や現在の通信技術の利用についての一般大衆の認識に影響を及ぼします。2015年にピュー研究所が実施した「スノーデン以降のアメリカプライバシー戦略」調査によると，回答者の87％が政府が通話およびインターネット通信を監視していることを認識しており，上述のプログラムについて知っている回答者の61％がそのようなプログラムが公共の利益につながるかどうか疑問があると回答し，25％がこれらのプログラムについて知るうちに技術の利用のしかたを変えたと回答しました（出典：レイニーおよびマッデン　2015年）。ヨーロッパで実施された調査でも同様の結果が報告され，半数を超えるヨーロッパ市民が政府機関が大規模なデータ収集を行っていることを認識していることが明らかになり，多くの回答者がこのよう

な監視はインターネット上の個人データの利用に関する信頼に悪影響を及ぼすと回答しました（出典：Eurobarometer 2015年）。

　同時に，加工データ，集計データまたは匿名データを利用していると主張することが，多くの民間企業にとって個人データおよびプライバシーに関連した規制の抜け道となっています。このようなやり方でデータの見かけを変えることで，企業はもはや個人データではないと公言し，それによって個人の確認や同意なく，また，明確な当面のデータ利用の目的もないままデータを収集し，長期間にわたりデータを保有し，さらに商業的な機会に乗じてデータを再利用したり転売する理由が与えられるというのが企業の言い分です。データサイエンスやビッグデータの商業的な機会を擁護する人の多くは，本当の意味でのデータの商業的価値は再利用すなわち「付加的な価値」の結果として生じると主張しています（出典：メイヤー・シェーンベルガーおよびカカー　2014年）。データ再利用の正当性を主張する人々は，データ収集や格納を実際的なビジネス戦略へと変換する二つの技術革新について強調します。まず一つ目は，現在では追跡されている個人がほとんどまたは一切の作業あるいは意識をしないままデータを収集できること，二つ目はデータ格納技術が比較的安価になってきたことです。この文脈では，将来的な（潜在的に予測不可能な）商業的な機会によって価値が生じる場合に備え，データを記録したり保存しておくことは商業

的にみて合理性があります。

　データの保存，転用および販売という現在の商慣習は，OECD ガイドラインの目的の明確化や利用制限の原則に完全に矛盾しています。それどころか，故意に企業が消費者に難解なプライバシー契約を提示したり，あるいは企業がさらなる協議や通知またはその両方を行わずに契約書を修正する権利を有する状況では，ガイドラインの利用制限の原則が損なわれます。このような事態が発生すると，通知や承諾は無意味で形骸化した確認作業となってしまいます。安全保障という名目の政府の監視に関する世論同様，商業ウェブサイトの個人データ収集や転用に対する世論も極めて否定的です。より幅広い世論を検証する決定的要因として，再びアメリカとヨーロッパの調査結果について触れますが，2012年に実施されたアメリカ人のインターネット利用者に関する調査によると，成人の調査対象者の62％がウェブサイトで収集される自分に関する情報の制限方法を知らず，68％が自分のオンライン行動を追跡されたり，分析されるのを好まないという理由からターゲティング広告が好きではないと回答しました（出典：パーセル，ブレナーおよびレイニー　2012年）。ヨーロッパ市民を対象にした最近の調査からも，同様の結果が得られました。回答者の69％が，データの収集には明確な承認が必要であると感じていますが，回答者のわずか18％しか個人情報保護方針を十分に読んでなかったことが判明しました。さらに，回答者の67％が，個人情報

保護方針に目を通さない理由として文言が長すぎることを挙げ，38%が内容が不明慮あるいは難解すぎて理解できないと述べました。また，回答者の69%が，収集の目的とは違う目的に自分に関する情報が転用されることに懸念を示し，回答者の53%はインターネット企業が自分たちの個人情報を利用して広告をカスタマイズしていることに不快感を覚えていることが明らかになりました（出典：Eurobarometer　2015年）。

　つまり，概して現時点での世論は政府の監視やインターネット企業による個人データの収集,保存および分析に否定的です。現在，大勢の評論家がデータのプライバシーに関する法律の改正の必要性を指摘し，実際に改正が行われています。2012年，ヨーロッパとアメリカがデータ保護とプライバシーに関する方針に関する調査と改正を公表しました（出典：ヨーロッパ委員会　2012年，アメリカ連邦取引委員会　2012年，キチン2014年a，p.173）。2013年には，その他の改訂とあわせてOECDガイドラインが拡大され，責任の原則の履行に関する詳細が含まれるようになりました。特に，新しいガイドラインは，プライバシー管理プログラムの準備とそのようなプログラムは何を必然的に伴うのか，そして，個人データに関するリスク管理の観点からどのように考案されるべきかを明らかにするというデータ管理者の責任を明確に規定しています（出典：OECD　2013年）。2014年，スペイン人のマリオ・コステハ・ゴンザレスが忘れられる権利を主張し，ヨーロッパ司法裁判所

における訴訟でグーグルに勝訴しました（C－131／12,
2014年）。司法裁判所の裁定は，ある一定の条件下で，個人
がインターネット検索エンジン会社に対し，その個人の氏名に
関連づけられた検索結果のウェブページへのリンクを削除する
ように要請することを認めるというものでした。そのような要
請の根拠には，データが不正確であったり，または時代遅れで
ある場合，歴史的，統計的あるいは科学的な目的に必要とされ
る期間より長くデータが保存されている場合などが含まれま
す。この裁定はすべてのインターネット検索エンジンに主に影
響を及ぼしますが，その他のビッグデータ保有者にも影響を与
える可能性があります。例えば，現時ではフェイスブックやツ
イッターのなどのソーシャルメディアサイトに及ぼす影響は
はっきりしていません（出典：マー　2015年）。忘れられる権
利という概念は，他の司法管轄区でも主張されてきました。例
えば，カリフォルニア州の「消去」法では，未成年者がインター
ネットや携帯電話サービス上に投稿したデータを本人の要請に
よって削除する権利が主張されています。また，この法律は，
インターネット，オンラインまたは携帯電話事業者によるター
ゲティング広告を目的とした未成年に関する個人データの編
纂，あるいは第三者への同行為の委託も禁じています[10]。現
在実施中の改訂に関する最後の事例は，2016年に調印および
採択されたEU・アメリカ間プライバシーシールドです（出典：
ヨーロッパ委員会　2016年）。この協定の重点は，EUとアメ

リカという二つの法制度にまたがるデータ保護義務の統一に置かれています。また、ヨーロッパ市民のデータがヨーロッパ圏外に移動したという状況でのヨーロッパ市民のデータ保護権利の強化を目的とします。この協定によって、民間企業にはデータ利用の透明性、強力な監視メカニズムと制裁の可能性に関する責務の強化が課されると同時に、公共機関に対しては個人データの記録や利用に関する制限や監視メカニズムが設けられました。しかし、本書を執筆している今この間にも、アイルランドの裁判所で執り行われているある訴訟でEU・アメリカ間プライバシーシールドの効果と有効性が検証されています。なぜアイルランドの法制度がこの議論の中心なのかというと、アメリカの多国籍インターネット大企業（グーグル、フェイスブック、ツイッターなど）の多くが、ヨーロッパ、中東、アフリカ本社をアイルランドに構えているためです。この結果、アイルランドのデータプライバシー監督機関は、これらの企業が実施した取引データの転送に関しヨーロッパ規則を遵守させる責任を負います。近況から見ても、訴訟事件がきっかけで個人データの取り扱い方法に関する規制に重大かつ急速な変化が生じる可能性があることが明らかになっています。事実、オーストリアの弁護士で個人情報保護活動家のマックス・シュレムスがフェイスブックを相手に起こした訴訟が直接の原因となって、EU・アメリカ間プライバシーシールドが誕生しました。2015年のシュレムの訴訟の結果、既存のEU・アメリカ間の

セーフハーバー協定が直ちに無効になり，緊急対応として
EU・アメリカ間プライバシーシールドが策定されました。最
初のセーフハーバー協定と比較すると，プライバシーシールド
ではヨーロッパ市民のデータプライバシー権利が強化され（出
典：オルークおよびカー　2017年），どのような新しい枠組
みによってもこれらの権利が一層強化される可能性がありま
す。例えば，2018年5月以降，EU一般データ保護規則は法
的拘束力のあるデータ保護をヨーロッパ市民に提供します。

　データサイエンスの観点からみると，このような事例によっ
てデータプライバシーや保護にまつわる規制が流動的であるこ
とは明らかです。確かに，ここで挙げた事例はアメリカとヨー
ロッパの状況を反映したものですが，プライバシーやデータ規
制に関連する，より広範な傾向を示すものです。このような変
化によってどのように事態が展開するのか長期的に予測するの
は極めて困難です。この分野においては，多岐にわたる既得権
が存在します。巨大インターネット企業, 広告および保険会社,
諜報機関，警察当局，政府，医療機関，社会科学研究所，そし
て公民権擁護団体のそれぞれ異なる課題について考えてみま
しょう。このように社会の異なるセクターの一つ一つがデータ
利用に関し異なる目標やニーズを掲げた結果，どのようにデー
タプライバシー規制を具体化すべきかということに関して異な
る見解が生じます。さらに，どの視点を採用するかによって，
恐らく私たちの個人としての見解も変化するはずです。例えば,

医療研究という文脈で人事データが共有されたり，再利用される分には協力を惜しまないでしょう。しかし，ヨーロッパとアメリカで実施された世論調査によると，ターゲティング広告の文脈でのデータ収集，再利用および共有には多くの人々が懐疑的であることが明らかになりました。一般に，データプライバシーの将来にまつわる議論には二つのテーマがあります。一つは，個人データの収集および，場合によっては，個人データの収集，共有および利用の管理方法について該当者に法的な権限を与えることに関した規制の強化に賛成するという議論です。もう一つは，データ収集に関連した規制緩和に賛成すると同時に，個人データの悪用を是正する法律の強化にも賛成するという議論です。あまりにも多くの利害関係者や立場が存在するため，プライバシーとデータについて投げかけられた問いに対する簡単で明白な答えはありません。恐らく，最終的には解決策が生み出され，セクター別にその解決策が明確化され，関連する利害関係者間の交渉を経て，折衷案が考案されることが予想されます。

　このように流動的な状況では，慎重かつ倫理的に行動することが最善の策です。業務上の課題を解決するために新しいデータサイエンスの解決策を考案する過程で，個人データに関する倫理面での検討事項を考慮すべきです。これにはビジネス上の正当な理由があります。まず，倫理的かつ誠実に個人データと向き合うことで，その企業と顧客との良好な信頼関係の構築が

約束されます。個人データをめぐる不適切な慣行は，企業に深刻な風評被害をもたらし，顧客の競合他社への乗り換えの原因となります（出典：ボイテンダイクおよびハイザー　2013年）。次に，データの統合，再利用，プロファイリングおよび絞りこみが行われるケースが増えるにつれ，今後数年内にデータプライバシーをめぐる世論が厳しくなり，規制の厳重化を招くというリスクがあります。意識して誠実かつ倫理的に行動することは，私たちが考案するデータサイエンスの解決策が現行の規制または今後数年で成立する規制のいずれとも衝突しないことを保証する最善の方策です。

　アフラ・カー（2017年）は，技術開発者や販売ベンダーにとって倫理的な配慮を怠ることがどれだけ深刻な事態を招くおそれがあるかを明らかにした，2015年のある事例を報告しています。この事例の結末は，児童オンラインプライバシー保護法をうけアメリカ連邦取引委員会がゲームアプリ開発会社と販売会社に罰金を科したというものでした。開発会社は自社の無料ゲームに第三者の広告を組みこんでいました。第三者の広告の組みこみは無料ゲームのビジネスモデルでは至って標準的な慣習ですが，ゲームの対象者が13歳に満たない年齢の子どもであったため問題になりました。要するに，開発者は自社ユーザーのデータを広告ネットワークと共有することによって，実際には子どもたちに関するデータも共有し，結果的に児童オンライン保護法に違反しました。また，ある実例では，開発者は

広告ネットワークに子ども向けのアプリであるという報告を怠りました。その結果，不適切な広告が子どもの目に入る可能性がありました。この実例で連邦取引委員会はゲームをプレイする子どもの年齢に適した内容および広告が提供されるように保証するのはゲーム開発会社の責任であるという決定を下しました。近年，このような種類の訴訟が急増しており，連邦取引委員会（2012 年）を含む複数の組織が企業に対し「プライバシーバイデザイン」（エンジニアリングプロセス全体にわたってプライバシーを考慮するシステムエンジニアリングのアプローチ）の原則を採用するように命じました（出典：カブキアン2013 年）。1990 年代に考案されたこの原則は，世界的に認められるプライバシー保護の枠組みとなりました。原則の中で，プライバシー保護は技術および情報システムを設計する際の基本的な要素であるべきだと主張されています。このような原則に準拠するには，設計者は意識的かつ積極的に，技術，組織の慣行およびネットワークでつながったシステムのアーキテクチャにプライバシーへの配慮を盛りこむよう努めなければなりません。

　倫理的なデータサイエンスの論拠は明確ですが，倫理的に行動するのが難しい場合もあります。倫理的なデータサイエンスの課題を具体的に考える一つの方法として，あなたがデータサイエンティストとして企業で働き，ビジネスに不可欠なプロジェクトに取り組んでいると想像してみましょう。データ分析

の過程で，あなたは相互に作用する属性をいくつか発見し，それらを統合すると人種（あるいは宗教や性別など，その他の個人的な属性）データの代用データとなることに気づきました。あなたは法的には自分のモデルに人種属性を使用できないとわかっていますが，この代用の属性を使えば巧みに差別禁止法を回避できることを確信します。また，これらの属性をモデルに含めることで，このモデルはうまく機能することも確信しますが，結果として成功しても，それはモデルがすでにシステムに存在している差別を強化することを学習するためだろうと当然のごとく心配になります。自問してみましょう。「さあ，どうしよう？」と。

第7章

今後の動向と成功の原則

　現代社会における明らかな傾向として，実世界の状況を検知し，反応する機能を備えたシステムが急増しています。その代表例が，スマートフォン，スマートホーム，自動走行車，そしてスマートシティです。このようなスマートデバイスやスマートセンサーの急増はプライバシー保護という観点では困難をもたらす一方で，ビッグデータの発展やモノのインターネットといった新しい技術パラダイムの発展の推進力ともなります。この文脈においては，データサイエンスは私たちの生活全般にわたってますます影響力を強めるでしょう。今後10年間でデータサイエンスによって飛躍的に発展すると予想される二つの分野があります。それは，パーソナル医療とスマートシティの発展です。

医療分野のデータサイエンス

　近年，医療業界では予測分析に注目が集まり，データサイエ

ンスの導入が進んできました。これまでは，医師は自らの経験に頼って患者の症状を診断し，その後の処置を決定せざるを得ませんでした。エビデンスに基づく医療と精密医療（プレシジョンメディシン）の発展によって，データに基づいた，理想的には個々の患者の症状や好みと利用可能な最善のデータを結びつけた医療判断をすべきであるとの議論がなされるようになりました。例えば今では，精密医療の場合，高速ゲノム解析技術によって，疾患の原因となる突然変異を特定することで，それぞれの患者に合わせた適切な治療法を設計，選択し，希少疾患の患者の遺伝子を分析することが可能になりました。医療分野におけるデータサイエンスを推進するもう一つの要因は医療費です。とりわけ特定の医療分析において，医療プロセスの一部自動化にデータサイエンスを活用できます。例えば，乳児や成人に抗生物質やその他の医薬品を投与する時期を決定するために予測分析が活用されてきました。このアプローチによって，数多くの命が救われたことが広く知られています。

　患者のバイタルサイン（生命兆候）や行動，そして一日中患者の器官が機能する様子を継続的にモニターするために，患者が身に着けたり，摂取したり，あるいは患者の体内に埋めこめる医療用センサーが開発されています。データは継続的に収集され，集中型監視サーバーに送られます。医療従事者はこの監視サーバーを介してすべての患者データにアクセスし，容態を評価し，現在患者が受けている治療の効果を理解したうえで，

それぞれの患者の結果を同様の症状がある患者の結果と比較し，患者の治療をその後どのように進めていくべきかを判断します。医療科学の分野では，医療用センサーによって生成されたデータを利用し，多岐にわたる医療機関や製薬業界から収集された追加データと統合し，現在使われている医薬品や新薬の効能を測定します。患者のタイプ，症状およびさまざまな医薬品に対する身体的反応に基づき，それぞれの患者向けにカスタマイズした治療プログラムが開発されています。さらに，現在この新しいタイプの医療データサイエンスは，医薬品に関する新しい研究や相互作用，効率化および詳細化を進めた監視システムの設計，そして治験から得られる優れた洞察の発見につながっています。

スマートシティ

　世界中の都市で，都市の秩序，公共事業およびサービスのより良い管理を目指し，市民によって生成されるデータを収集したり利用するために新しい技術が導入されています。この動向を後押しする三大要素が，データサイエンス，ビッグデータ，そしてモノのインターネットです。「モノのインターネット」という言い方は，物理的なデバイスやセンサーのインターネットワーキングによってデバイスの情報共有が可能になることを意味します。そう説明されると，いかにもありふれたことのような印象を受けるかもしれませんが，スマートデバイスの遠隔

操作(適切に設定すれば,住宅などにも応用できる)という利便性があり,ネットワークでつながった機械同士の通信によって,自律的に人間のニーズを予測したり,それに応えるスマート環境が実現する可能性を切り開きます(例えば,腐りかけている食品があるのを知らせたり,スマートフォンから新鮮な牛乳を注文できるなどの機能が搭載されたスマート冷蔵庫が市販される時代です)。

スマートシティのプロジェクトでは,多数の異なるデータソースから収集されたリアルタイムのデータを一つのデータハブに統合して,そこでデータを分析したり,情報に基づいて管理や計画についての意思決定をするためにデータが利用されます。スマートシティのプロジェクトのなかには,基礎から先端技術が活用されているまったく新しい都市の構築が含まれるものもあります。アラブ首長国連邦のマスダールシティや韓国の松島新都市のように,スマートテクノロジーを中核とし,環境への配慮とエネルギー効率に集中的に取り組んだ,新たにつくられたスマートシティもあります。しかし,ほとんどのスマートシティプロジェクトでは,既存の都市に新しいセンサーネットワークやデータ処理センターを後づけするものです。例えば,スペインのSmartSantanderプロジェクトでは[1],1万2,000を超えるネットワークでつながったセンサーが都市全体に設置され,気温,騒音,環境光,一酸化炭素濃度および駐車状況が測定されています。多くのスマートシティプロジェクトで焦点

となるのは，エネルギー効率，道路工事の計画と経路設定，そして住民のニーズや人口増加に合わせた公共事業の開発です。

　日本はエネルギー消費量の削減に特に焦点をあわせたスマートシティの概念を積極的に活用してきました。東京電力（原文ではTEPC，日本ではTEPCO）はサービスを提供している全地域の住宅に1,000万機を超えるスマートメーターを設置しました[2]。それと同時に，顧客がリアルタイムで家庭の使用電力量を追跡し，電気料金の契約プランを変更できるスマートフォンアプリを開発，提供しています。このスマートフォンアプリによって，東京電力は顧客一人一人にあわせてカスタマイズした省エネのための助言を送信することもできます。家庭以外では，インテリジェント街頭照明によるエネルギー消費量の削減にスマートシティ技術が利用されています。グラスゴーの未来都市デモンストレーターのプロジェクトでは，人間の存在を検知して点灯する街頭照明が試験的に導入されています。また，すべての新しいビル，特に規模の大きい地方自治体のビルや商業ビルにとって，エネルギー効率も最優先事項です。センサー技術，ビッグデータそしてデータサイエンスを組みあわせて自動的に温度調節を管理することで，建物のエネルギー効率の最適化が実現します。さらに，このようなスマートビルディング監視システムには，汚染や大気質のレベルを監視し，必要な制御や警報をリアルタイムで作動させることができるという利点もあります。

　都市部において，他にもデータサイエンスを活用できる分野として，輸送があります。これまで多くの都市で交通監視・管理システムが導入されています。システムはリアルタイムデータを利用して，都市全体の交通流を制御します。例えば，リアルタイムで交通信号が変わる順番を制御し，状況に応じて公共の輸送車両を優先させます。また，都市交通網に関するデータも公共輸送の計画を立てる際に有益です。都市は，路線，スケジュール，車両管理を詳細に調査し，できる限り多くの人へのサービスの提供を保証したうえで，輸送サービスの提供に関連した費用の削減を目指します。公共の交通網の設計に加え，公共の都市輸送車両を監視し，最適な利用を保証するためにデータサイエンスが活用されています。そのようなプロジェクトは交通状況（道路網沿いや信号機のセンサーなどによって収集される），実行されているタスクの種類，さらにその他の条件を組み合わせて輸送経路の計画を最適化し，車両に現場に則した最新情報と変更を伝え，通行経路を調整します。

　エネルギー利用や輸送の他にも，公共事業の向上や長期的なインフラ計画にデータサイエンスが利用されています。現在の使用量と予測される使用量に基づき，公共サービスが効率的に提供されていることを常時監視します。公共サービスを提供する事業者は，さまざまな方法でデータサイエンスを活用しています。その一つが，公共サービスの供給ネットワークの監視です。つまり，供給，供給の品質，ネットワークのトラブル，実

際の使用量が予想を超える地域，自動の供給ルートの変更，ネットワークの異常などを監視します。さらに，顧客の監視にもデータサイエンスを活用できます。公共サービスを提供する事業者は犯罪と関連している可能性のある不自然な使用（例えば，庭で大麻などの違法植物をこっそり栽培している住宅など），住んでいる建物の機器や計器を改造した可能性のある顧客，そして，支払不履行の可能性が非常に高い顧客を常に特定しようとしています。また，都市計画で宅地や関連サービスを割り当てる最善の方法を考察するうえでも，データサイエンスが利用されています。人口増加モデルを構築して未来の予測を立て，都市設計者は，さまざまなシミュレーションをもとに，高等学校新設などの特定の支援サービスがいつどこで必要になるかを推定します。

データサイエンスのプロジェクトの原則：
プロジェクトの成功と失敗を分ける要因

　データサイエンスのプロジェクトは，何らかの技術的あるいは政治的な問題で行き詰まったり，通常どおりの結果が出せなかったり，ありがちなのは一度（または数回）は順調だったのに，その後まったくうまくいかなくなったなどの理由から，期待されていたことを実現できない場合に，失敗します。まさにレフ・トルストイのいう「幸福な家族」[3]と同じように，データサイエンスのプロジェクトの成功は複数の要因に左右されま

す。データサイエンスのプロジェクトを成功させるには，集中，良質のデータ，適切な人材，複数のモデルでの実験をいとわない意欲，業務情報技術（IT）アーキテクチャとプロセスへの統合，組織上層部の賛同，そして，組織の承認が必要です。なぜなら，世界は日々刻々と変化し，いつかモデルは廃れ，再構築する必要があるためです。上述の要素がたとえ一つでも実現されないと，プロジェクトも失敗に終わる可能性が高くなります。このセクションでは，データサイエンスのプロジェクトの成功を左右する共通の要因とデータサイエンスのプロジェクトが失敗に終わる典型的な理由について詳しく解説します。

集中

　成功したデータサイエンスのプロジェクトのすべてに共通しているのは，プロジェクトに解決へと導かれる問題がより明確に定義されるところから始まっているという点です。いろいろな意味で，この段階は常識的に考えて必要なものです。明確な目標がない限り，プロジェクトの成功は難しいというのは，誰もが経験上，知っています。明確に定義された目標を掲げることで，使用するデータの種類，使用する機械学習アルゴリズム，結果の評価方法，分析の利用方法とモデルの展開方法，さらにプロセスをもう一度見直し，分析やモデルを更新する最適なタイミングを決定することができます。

データ

　明確に定義された質問は，プロジェクトに必要なデータを定義するのに使用できます。どのようなデータが必要かを明確に理解することで，それがどこにあるかがわかります。また，現時点で入手できないデータを明確にし，そのようなデータを取得したり，入手可能にするための追加のプロジェクトを特定するのにも役立ちます。しかし何よりも，必ず質の高いデータを使用することが重要です。アプリケーションの設計に欠陥があったり，データモデルの質に問題があったり，データの品質に問題がなくても，それを入力するスタッフが適切なトレーニングを受けていない場合があります。実際，無数の要因がシステムに低品質のデータをもたらすことがあります。実際，高品質のデータを使用することは非常に重要なため，組織によっては専門のスタッフを雇って，常時データを点検したり，データ品質を評価し，アプリケーションや入力担当のスタッフが取得したデータの品質をどのように向上すべきかというフィードバックを得ている例もあります。高品質のデータなしに，データサイエンスのプロジェクトを成功させるのは非常に困難といえるでしょう。

　必要なデータを入手したら，組織全体で捕捉，使用されているデータの種類を確認することが常に大切です。残念ながら，データサイエンスのプロジェクトのなかには，トランザクションデータベース（およびその他のデータソース）から利用でき

成功したデータサイエンスの
プロジェクトのすべてに
共通しているのは,
プロジェクトに解決へと
導かれる問題が
より明確に定義されるところ
からはじまっているという点です。

るデータを探した後，データ探索やデータ分析に入る前にデータを統合したり，クリーニングするというデータ調達手法が取られているケースがあります。これは，組織に存在するビジネスインテリジェンスチームやデータウェアハウスを完全に無視したアプローチです。多くの組織では，すでにビジネスインテリジェンスチームとデータウェアハウスチームが組織のデータを収集し，クリーニングし，変換し，一つの中央レポジトリに統合しています。すでに組織にデータウェアハウスが存在するなら，プロジェクトに必要なすべてまたは大半のデータが恐らくデータウェアハウスに格納されているはずです。したがって，データウェアハウスを利用することでデータの統合やクリーニングに費やす時間を大幅に節約できます。また，データウェアハウスには，現行のトランザクションデータベースに格納されているよりかなり多くのデータが格納されています。データウェアハウスを使用すれば，何年もさかのぼり，歴史データを使って予測モデルを作成し，多岐にわたる期間を通してこのようなモデルを展開し，各モデルの予測精度を測定することができます。このプロセスによって，データの変化や，そのような変化がモデルに及ぼす影響をモニターできます。加えて，機械学習アルゴリズムによって作成されたモデルの変化や，時間の経過とともにどのようにモデルが展開するかをモニターすることができます。このようなアプローチを採用することで，長期的なモデルの効果や挙動が立証され，これから何が行われ，何

が実現するのか，ということに関する顧客の信頼を構築する助けとなります。例を挙げると，データウェアハウスの5年分の過去データを利用可能なプロジェクトでは，その期間を通じてその企業は4,000万米ドルまたはそれ以上の費用を節約ができることを証明できました。データウェアハウスが利用できなかったり，あっても利用されていない場合，このように結論を証明することは不可能でしょう。最後に，プロジェクトに個人データが使用されている場合，このデータの使用が関連する差別禁止法やプライバシー法に準拠していることを必ず確認する必要があります。

人材

データサイエンスのプロジェクトの成功には，多くの場合，さまざまなデータサイエンスの能力とスキルを持つ人材で構成されるチームが必要です。大半の組織では，すでに他のタスクに就いているさまざまな人々がデータサイエンスのプロジェクトに貢献できますし，また，貢献すべきです。具体的には，データベース担当者，ETL（抽出，変換，格納）プロセス担当者，データ統合を実行するスタッフ，プロジェクトマネージャー，ビジネスアナリスト，事業分野の専門家などです。しかし，それでも組織がデータサイエンスの専門家を雇わなければならないケースがあります。この専門家とは，ビッグデータを処理し，機械学習を適用し，データ駆動型ソリューションの観点から現

実社会の問題を構想する能力のある人材を指します。有能な
データサイエンティストは，経営陣，エンドユーザーおよび関
係者全員と連携し，コミュニケーションを図り，データサイエ
ンスを活用して彼らの仕事のどの部分をどのように支援できる
かを具体的に示したり，説明できます。必要とされる技能的な
スキルセットと，組織全体のスタッフと円滑にコミュニケー
ションし連携できる能力の両方を備えた人材を探すのは困難で
す。しかし，ほとんどの組織のデータサイエンスのプロジェク
トの成功には，このような能力を備えた人材が不可欠です。

モデル

さまざまな機械学習アルゴリズムを試し，データセットに最
適なアルゴリズムを発見することが大切です。機械学習アルゴ
リズムが一つだけしか使用されていないケースが事例として挙
げられている文献を頻繁に目にします。恐らく，自分にとって
最も都合の良い，あるいは，お気に入りのアルゴリズムについ
て筆者は論じているのでしょう。現在，ニューラルネットワー
クやディープラーニングへの関心が急速に高まっています。し
かし，他にも使用できるアルゴリズムが数多く存在するので，
代替案を検討し，検証する必要があります。さらに，ヨーロッ
パに本拠地を置くデータサイエンスのプロジェクトの場合，
2018年4月に施行されたEU一般データ保護規則がアルゴリ
ズムやモデルを選定する際に考慮するべき要因の一つになる可

能性があります。このような規制の好ましくない副次的作用として考えられるのは，自動化された意思決定プロセスに関連して，悪影響を受ける可能性のある個人が「説明を受ける権利」を主張することによって，解釈や説明が難しい複雑なモデル（ディープニューラルネットワークモデルなど）の使用が事業分野によっては制限される可能性があることです。

ビジネスとの統合

　データサイエンスのプロジェクトの目標が決定したら，組織のITアーキテクチャやビジネスプロセスの範囲内でどのようにプロジェクトの成果や結果を展開するかを明確にすることが非常に重要です。このためには，既存のシステムの範囲内で，どこにどのようにモデルを統合し，システムのエンドユーザーがどのように生成された結果を利用するか，あるいは，その結果を別のプロセスに送るのかという見極めが必要になります。このプロセスの自動化が進めば，組織は絶えず変化する顧客のプロファイルに迅速に対応でき，したがって費用削減と，潜在的には利益の増加にもつながります。例えば，銀行のローン手続き向けの顧客リスクモデルを構築する場合，顧客からのローン申しこみデータを取りこむフロントエンドシステムの中にそのモデルを構築する必要があります。こうすることで，行員はローン申しこみデータを入力する際に，モデルから最新のフィードバックを受けることができます。行員はこの最新の

データサイエンスの
プロジェクトの成功には,
多くの場合,さまざまな
データサイエンスの能力と
スキルを持つ人材で
構成されるチームが必要です。

フィードバックを利用して，顧客に何か問題があれば対処することができます。もう一つの例は不正検出です。捜査を要する潜在的な詐欺事件の特定には4 ～ 6週間かかる場合があります。データサイエンスを取引監視システムに組みこむことで，組織はほぼリアルタイムで潜在的な詐欺事件を看破できます。データに基づくモデルの自動化と統合によって，対応時間を短縮でき，適切なタイミングで対策を講じることができます。プロジェクトから得られた成果やモデルがビジネスプロセスに統合されなければ，成果が活用されることもなく，最終的にプロジェクトは失敗に終わるでしょう。

賛同

　大半の組織のプロジェクトにおいて，多くのデータサイエンスのプロジェクトを成功させるには組織上層部の支援が不可欠です。しかし，多くのIT担当の管理職は「今この時」に集中することで精いっぱいです。事業を継続させ，毎日アプリケーションが問題なく稼働しているか確認し，バックアップや修復プロセスの環境が整備（さらに検証）されているかどうかの確認に全神経を集中させています。データサイエンスのプロジェクトを成功させるには，その業務部門の上級管理職（IT部門の管理職ではなく）の支援を得るべきです。その理由は，業務部門の上級管理職は，技術だけでなく，データサイエンスのプロジェクトに必要なプロセスや，組織の優位性を得るために成果をど

のように活用すべきかという問題にも注目しているためです。
プロジェクトの支援者がこれらの要素を重視するほど，プロ
ジェクトが成功する確率は高くなります。支援者は，重要人物
として組織内の他のスタッフにプロジェクトに関する情報を伝
え，プロジェクトの有望性をアピールします。しかし，組織内
の支援者として管理職をデータサイエンスのプロジェクトに取
りこんだとしても，元々のプロジェクトが官僚主義的な確認手
続きとして扱われる限り，やはりデータサイエンスの戦略は長
期的には失敗に終わる可能性があります。組織はデータサイエ
ンスを一回限りのプロジェクトと見るべきではありません。組
織として長期的な利益を望むのであれば，データサイエンスの
プロジェクトを頻繁に実施できるよう人材を育成し，プロジェ
クトで得られたものを活用しなければなりません。データサイ
エンスを戦略とみなすには，長期間にわたる組織上層部の関与
が必要です。

反復

　ほとんどのデータサイエンスのプロジェクトは，定期的にと
はいわないまでも，折を見て更新，一新する必要があります。
新たな更新や反復処理のたびに，新しいデータを追加し，更新
し，場合によっては新しいアルゴリズムを使用するなどします。
このような反復処理の頻度はプロジェクトごとに異なり，毎日，
四半期に一回，半期に一回あるいは一年に一回の場合がありま

組織として長期的な
利益を望むのであれば,
データサイエンスの
プロジェクトを頻繁に実施
できるよう人材を育成し,
プロジェクトで得られたものを
活用しなければなりません。

す。また，本番稼働に入ったデータサイエンスの結果にチェック機能を組みこみ，モデルの更新が必要な時期を検知する必要があります（モデルの更新が必要な時期の特定のために，安定度指数を使用する方法の説明については，ケレハー，マック・ナミーおよびダーシー　2015年を参照）。

結論

　人類は自分たちの経験のなかからパターンを見いだすことで，常にこの世界から何かを引き出し，それを理解しようとしてきました。データサイエンスは，この「パターンを探す行動」を具体化する，新しい動きといえます。データサイエンスには長い歴史があるものの，現代人の生活にこれまでないほど大きな影響を与えています。現代社会では，「精密」，「スマート」，「的を絞った」，「個人向けのカスタマイズ（パーソナライズ）」といった言葉の背後には，多くの場合，「精密医療」，「精密警察活動」，「精密農業」，「スマートシティ」，「スマート輸送」，「ターゲティング広告」，「パーソナライズドエンターテイメント」などをテーマとしたデータサイエンスのプロジェクトの存在があります。人間の暮らしのあらゆる側面において共通するのは，決定をしなければならないという要素です。すなわち，患者にどの治療法を適用すべきか，どのくらいの量の農薬を散布すべきか，今後4年間で何校の高校を新設する必要があるのか，誰にこの広告を送付すべきか，この人にどの映画または本

を薦めるべきか，といった決定です。意思決定を支援するデータサイエンスの能力が，この技術の導入の追い風になっています。うまくいけば，データサイエンスを活用することで，より良い判断と，最終的には，より良い成果につながる「実用的な洞察」がもたらされます。

　現代のデータサイエンスは，ビッグデータ，計算能力および数々の分野の科学的試みから生まれた人間の創意工夫（データマイニングやデータベース研究から機械学習に至るまで）により後押しされています。本書では，データサイエンスの理解に必要な基本的原理や概念の全体像の解説を試みました。CRISP-DMのプロジェクトライフサイクルは，データサイエンスのプロセスを明確にし，問題理解，データ準備，機械学習を使ったパターン抽出とモデル構築，モデルを使用した「実用的な洞察」の入手までの，データから知識を導き出すデータサイエンスの工程の枠組みを提供します。また本書では，データサイエンスの世界における個人のプライバシーに関連するいくつかの倫理上の懸念事項についても触れました。人々は，政府がデータサイエンスを利用して国民の行動を巧みに操ったり，活動を監視するのではないかという，切実かつ十分に根拠のある懸念を抱いています。データサイエンスの利用を適切な方向に舵取りするために，私たち一人ひとりが適切な情報を得たうえで，自分たちが暮らしたいと願うデータ社会のありかたについて意見を持ち，社会に整備すべき法制度について考えなけれ

ばなりません。データサイエンスについては潜在的に倫理上の懸念があるものの，すでに魔法のランプの妖精は外に飛び出しています。データサイエンスはすでに現在の私たちの生活に大きな影響を及ぼしていますし，これからも及ぼし続けるでしょう。適切に利用すれば，データサイエンスは私たちの生活をより良いものにする可能性を秘めています。しかし，私たちが働く組織，生活する地域社会，共に生活する家族がデータサイエンスの恩恵にあずかれるようにするには，データサイエンスが一体何であるのか，どのように機能するのか，そして，可能なことと不可能なことを理解，追求しなければなりません。本書によって，読者がこの旅を続けるにあたって必要な最も重要な基礎を得られたとしたら，筆者としてこれほど光栄なことはありません。

用語集

インスタンス
一つのデータセットの各行には，一つのインスタンスに関した情報が含まれる（「例」，「エンティティ」，「ケース」または「レコード」としても知られる）。

異常検知
データセットの不定型データの例を検索し，特定すること。これらの不適合な事例は，しばしば「異常」または「外れ値」と呼ばれる。このプロセスは，金融取引の分析に用いられ，潜在的な不正行為を発見したり，捜査のきっかけになる場合が多い。

オペレーショナルデータストア（ODS）
ODS システムは複数のシステムから運用データまたは取引データを統合し，運用報告を支援する。

オンライン取引処理（OLTP）
OLTP は簡単なオンラインデータ処理（挿入，削除，更新など）用に設計され，マルチアクセス環境での迅速なクエリ処理とデータ安全性の維持に重点が置かれる。過去データに関するさらに複雑なオペレーションのために設計された OLAP システムの対義語。

オンライン分析処理（OLAP）
OLAP オペレーションによって複数のソースから過去データや集積データの一覧が作成される。OLAP オペレーションは報告書タイプの一覧の作成を目的とし，ユーザーは店舗別の売上や四半期ごとの売上などの事前に定義されたデータ次元を使用して，データウェアハウスのデータを細切れにしたり，細かく刻んだり，軸回転するなどいろいろな切り口や角度で分析できる。オンライントランザクション処理（OLTP）の対義語。

回帰分析
すべての入力属性値が決まっている場合の数値ターゲット属性の予測（すなわち平均）値の推定。回帰分析は「回帰関数」として知られる入力と出力の仮定関係をパラメーターで表示した数学モデルを想定する。回帰関数は複数のパラメーターを持つ場合があり，回帰分析はこれらのパラメーターの正しい設定の発見に焦点が置かれる。

関係データベース管理システム（RDBMS）

エドガー・F・コッドの関係データモデルをもとにしたデータベース管理システム。関係データベースは，各テーブル（表）がインスタンスにつき一行，属性につき一列の構造を取るテーブルの集合にデータを格納する。複数のテーブルにキー属性を出現させることで，テーブル間のリンクを作成できる。この構造は，テーブルのデータに関するオペレーションを定義する SQL クエリに適している。

機械学習（ML）

データセットから有用なパターンを抽出できるアルゴリズムの開発や評価に重きを置くコンピューターサイエンスの研究分野。機械学習アルゴリズムはデータセットを入力とみなし，データから抽出されたアルゴリズムのパターンをコード化するモデルを返す。

教師あり学習

機械学習の一形態。あるインスタンスの一連の入力属性値と，同じインスタンスのターゲット属性の推定欠損値を関連づける関数の学習を目標とする。

教師なし学習

データの規則性の発見を目標とする機械学習の一形態。ここで言う規則性には，データの範囲内の類似インスタンスのクラスタ，または属性間の規則性が含まれる場合がある。教師あり学習とは対照的に，教師なし学習ではターゲット属性はデータセットでは定義されない。

業種を超えたデータマイニングの標準化プロセス（CRISP-DM）

CRISP-DM は，データマイニングプロジェクトの標準ライフサイクルを定義する。このライフサイクルはデータサイエンスのプロジェクトに頻繁に導入されている。

クラスタリング

データセット内で類似したインスタンスの集合を特定すること。

決定木

木（ツリー）構造に「if-then-else」規則をコード化する予測モデルの一種。木の各ノード（節）は，テストする一つの属性を定義し，ルート（根元）ノードから末端のリーフ（葉）までの経路は，あるインスタンスがそのインスタンスとして予測される終結ノードのラベルのために合格しなければならない一連のテストを定義する。

高性能計算（HPC）

HPC の分野では，大量のコンピューターを連結するフレームワークの設計や実装が集中的に行われ，結果として生じるコンピューターのクラスタの大量データの効率的な格納や処理を実現する。

構造化照会言語（SQL）

データベースクエリを定義する国際基準。

構造化データ

テーブル（表）に格納できるデータ。テーブルのすべてのインスタンスが同じ属性を持つ。非構造化データの対義語。

スマートシティ

通常，スマートシティプロジェクトは多数の異なるデータソースから収集したリアルタイムデータを一つのデータハブに統合し，そこでデータを分析し，情報に基づいた都市管理や都市計画の意思決定に用いる。

線形回帰

回帰分析で直線関係が想定される時，その分析は「線形回帰」と呼ばれる。一組の数値入力属性をもとにした数値のターゲット属性値の推定に使用される平易な予測モデルの一種。

相関

二つの属性間の関連の強さ。

相関ルールマイニング

頻繁に共起するアイテムの集合の発見を試みる教師なしデータ分析技法。典型的にはマーケットバスケット分析で使用され，小売業者がホットドッグとケチャップとビールなど，よく一緒に購入される品目セットの特定を試みる。

属性

データセットの各インスタンスは，複数の属性（「特性」または「変数」としても知られる）によって説明される。一つの属性は，一つのインスタンスに関する一つの情報を捕捉する。属性は生（未加工）の属性と派生属性のいずれかの場合がある。

ターゲット属性

予測タスクにおいて，予測モデルがその値の推定を学習する属性。

抽出，変換・加工，書き出し（ETL）

マッピング，マージおよびデータベース間のデータ移動のサポートに使用される一般的なプロセスやツールの説明に使われる用語。

超並列処理データベース（MPP）

MPP データベースでは，複数のサーバーの全域でデータが分割されている。各サーバーは局所的かつ自主的にデータを処理できる。

データ

最も基本的な形では，一つのデータは現実世界の実体（エンティティ）（人物，物体または事象）を抽象的に表現したもの（または測定値）。

データウェアハウス

組織全体にわたるさまざまなソースから収集されたデータが含まれる中央レポジトリ。集計データからのサマリーレポートに対応するようにデータが構築される。「オンライン取引処理」（OLTP）はデータウェアハウスの一般的処理を説明するのに使用される用語。

データサイエンス

（大規模）データセットから実用的な洞察を抽出するために，データ分析に使用できる一連の問題定義，アルゴリズムおよびプロセスを統合する新興分野。データマイニングと密接に関連するが，範囲と関連分野はより広い。構造化と非構造化（ビッグ）データの両方を扱い，機械学習，統計，データ倫理および規制，高性能計算を含む幅広い領域の原則を網羅する。

データセット

一組のインスタンスに関するデータの集合で，各インスタンスは一組の属性に置き換えて記述される。最も基本的な形では，一つのデータセットは $n \times m$ 行列で配列され，n はインスタンスの数（行），m は属性の数（列）である。

データベース

データの中央レポジトリ。最も一般的なデータベース構造は関係データベースであり，インスタンスごとに 1 行，属性ごとに 1 列という構造でテーブル（表）にデータを格納する。この表現法は自然な属性に分解できる明確な構造のデータの格納に最適である。

データベース内機械学習

データベースの解決策に組みこまれた機械学習アルゴリズムの使用。データベース内機械学習の利点は，分析のためにデータをデータベースに入れたり，データベースから取り出しする作業に費やす時間を削減できる。

データ分析

データから有用な情報を抽出するあらゆるプロセス。データ分析の種類には，データの可視化，要約統計，相関分析および機械学習を使用するモデリングが含まれる。

データマイニング

明確に定義された問題を解くために，データセットから有用なパターンを抽出するプロセス。CRISP-DM はデータマイニングプロジェクトの標準ライフサイクルを定義する。データサイエンスと密接に関連するが，一般にそこまで範囲は広くない。

DIKW ピラミッド

「データ」，「情報」，「知識」および「知恵」の構造関係モデル。DIKW ピラミッドでは，上から知恵，知識，情報，データの順にピラミッドの階層が高くなる。

ディープラーニング

ディープラーニングモデルは複数の（3つ以上の）層の隠れユニット（つまりニューロン）を持つニューラルネットワークである。ディープネットワークはネットワークのニューロン層の数という点でディープ（深い）である。現在，多くのディープネットワークは数十から数百の層を持つ。ディープラーニングモデルの威力は，前方の層のニューロンがその属性自体を学習した属性から派生する有用な属性を後方の層のニューロンが学習する能力によってもたらされる。

取引データ

物品の販売，請求書の発行，納品，クレジットカードの支払いなどのイベント（事象）情報。

生（未加工）の属性

ある実体（エンティティ）から直接測定された実体の抽出。例えば，人間の身長。派生属性の対義語。

ニューラルネットワーク

ニューロンと呼ばれる単純な処理ユニットのネットワークとして実装される機械学習モデルの一種。ネットワーク内のニューロンの位相を修正することでさまざまな異なる種類のニューラルネットワークの作成が可能になる。フィードフォワード（正方向の伝播）で完全につながったニューラルネットワークは非常に一般的なタイプのネットワークであり，バックプロパゲーション（誤差逆伝播法）を使って学習させることができる。

ニューロン

一つのニューロンは複数の入力値（または活性化）を入力とみなし，これらの値を単一の出力活性化と関連づける。通常このマッピングは，多入力線形回帰関数を入力に適用した後，ロジスティック関数や双曲線正接関数などの非線形活性化関数からこの回帰関数の結果を導き出すことで実装される。

排出データ

その（プロセスの）主な目的が，データ捕捉以外の何かであるプロセスの副次的結果であるデータ。例えば，画像が共有されたり，ツイートされたり，ツイートがリツイートされたり，「いいね！」されたりするたびに，誰が共有したか，誰が閲覧したか，どのデバイスが使われたか，一日のどの時間帯か，などさまざまな排出データが生成される。捕捉データの対義語。

派生属性

その値が実体（エンティティ）から直接測定されたものではなく，一つの関数を他のデータに適用することによって生成された属性。ある母集団の平均値について記述する属性は，派生属性の一例である。生（未加工）属性の対義語。

バックプロパゲーション（誤差逆伝播法）

バックプロパゲーションアルゴリズムは，ニューラルネットワークのトレーニングに使用される ML アルゴリズムである。アルゴリズムはニューロンによって増幅されるネットワークの誤差を各ニューロンごとに計算する。各ニューロンにこの誤差計算を使用することで，各ニューロンへの入力の重みづけを更新し，ネットワークの総合誤差の低減を実現する。二段階プロセスで作用するため，バックプロパゲーションアルゴリズムと呼ばれるようになった。最初の段階では，ネットワークに一つのインスタンスが入力され，ネットワークがそのインスタンスの予測を生成するまで，ネットワークを通じて情報が正方向に伝播される。次の段階では，ネットワークの予測と（トレーニングデータによって指定された）そのインスタンスの正しい出力を比較することで誤差が計算され，この誤差は出力層から開始し，各層ごとにネットワークのニューロンを通じて逆方向に共有（つまり逆伝播）される。

Hadoop

Apache ソフトウェア財団によって開発されたビッグデータの処理用のオープンソース型フレームワーク。Hadoop は分散ストレージを利用し，汎用ハードウェアのクラスタ全域で処理を実行する。

非構造化データ

データセットの各インスタンスが，固有の内部構造を取る可能性があるデータの一種。正確に言えば，すべてのインスタンスで必ずしも同じ構造を取るとは限らない。例えば，テキストデータは非構造化データである場合が多く，各インスタンス用の構造化表現を抽出するために，一連のオペレーションをテキストデータに適用する必要がある。

ビッグデータ

しばしばビッグデータは，次の三つの V で定義される：超大容量（volume）のデータ，多様なデータのタイプ（variety），データ処理に要求される速度（velocity）。

分析ベーステーブル

ある特定のインスタンスに関するデータが各行に含まれ，各インスタンスに対するある特定の属性の値が各列に記述されているテーブル（表）。これらのデータはデータマイニングや機械学習アルゴリズムへの基本的な入力となる。

分類

一連の入力属性の値をもとに，一つのインスタンスのターゲット属性の値を予測するタスク。ターゲット属性は名義データか順序データに分類される。

捕捉データ

データの収集を目的とする直接測定プロセスを通じて捕捉されたデータ。排出データの対義語。

メタデータ

他のデータの構造や属性を記述するデータ。例えば，一つのデータが収集された時期を記述するタイムスタンプなど。メタデータは排出データの最も一般的な種類である。

モデル

機械学習の文脈では，モデルは機械学習を使ってデータセットから抽出されるパターンの表現である。データセットで機械学習アルゴリズムを実行することで，結果的にモデルの学習，データセットとの照合，構築が行われる。平易なモデルの代表には，決定木やニューラルネットワークが含まれる。予測モデルは，一組の入力属性とターゲット属性値のマッピング（すなわち関数）を定義する。いったんモデルが作成されると，ドメインからの新しいインスタンスに適用できる。例えば，スパムフィルターモデルをトレーニングするために，「スパム」または「スパムではない」とラベルづけされた過去の電子メールのデータセットに機械学習アルゴリズムを適用する。モデルの学習が完了すると，元々のデータセットに含まれていなかった新しい電子メールのラベルづけ（すなわちフィルター）に使用できる。

モノのインターネット

物理デバイスやセンサーのインターネットワーキングによって，デバイス間の情報共有を実現すること。機械間の情報共有を可能にするだけでなく，人間の介入なしに機械が情報に反応し，作動するシステムを開発する機械間コミュニケーションの分野を含む。

予測

データサイエンスおよび機械学習の文脈では，ある決まったインスタンスの他の属性（すなわち入力属性）をもとにそのインスタンスのターゲット属性値を推定するタスク。

注釈

第1章

1) 1989年のKDDワークショップ用に発送された参加者募集案内から引用。

2) 専門家の中には，データマイニングをKDDのサブフィールドまたはKDDへの特定のアプローチとして考察することによって，データマイニングとKDDを区別する人もいます。

3) この論争に関する最近の展望に関しては，『Battle of the Data Science Venn Diagrams』（テイラー 2016年）を参照。

4) がん撲滅ムーンショットに関する詳細は，
https://www.cancer.gov/research/key-initiatives を参照。

5) 精密医療イニシアチブのオールオブアス・プログラムに関する詳細は，
https://allofus.nih.gov を参照。

6) 警察データイニチアチブに関する詳細は，
https://www.policedatainitiative.org を参照。

7) AlphaGo（アルファ碁）に関する詳細は，
https://deepmind.com/research/alphago を参照。

第2章

1) 多くのデータセットは平坦な$n \times m$行列で記述されますが，状況によっては，データセットはさらに複雑です。例えば，あるデータセットが過去にさかのぼって複数の属性の展開を記述する時，データセットの各時点は2次元の平坦な$n \times m$行列によって表現され，その時点での属性の状態を表にしますが，全体的なデータセットは3次元になり，2次元のスナップショットを結びつけるために時間を用います。このような状況では時に，テンソルという用語が行列の概念をより高次元に汎化するために用いられます。

2) この例は，ハン，キャンバー および ペイ 2011年の例からインスピレーションを得たものです。

第3章

1) Storm のウェブサイト（http://storm.apache.org）を参照。

第4章

1) この小見出し「相関関係は因果関係ではないが，有益なものもある」は，「本質的にすべてのモデルは間違っている，しかしなかには役に立つものもあ

る」というジョージ・E・P・ボックス（1979 年）の所見からインスピレーションを得たものです。

2) 数値属性の場合，平均値が中心傾向の最も一般的な算定基準です。名義データまたは順序データの場合はモード（すなわち最頻値が中央傾向の最も一般的な算定基準）です。

3) 数段落後にこの関数を展開して，二つ以上の入力属性を含めているという理由から，ここでは ω_0 や ω_1 が含まれるさらに複雑な記数法を用いています。つまり，複数の入力を扱う時，添え字付き変数は有用な記数法です。

4) 注意点。ここで報告される数値はあくまで実例の一つであり，BMI と糖尿病の可能性の関係の確定的な推定として解釈するべきではありません。

5) 一般に，同じような範囲の入力である時，ニューラルネットワークは最も効果的です。入力属性の範囲に大きな差がある時，より大きな値を持つ属性がネットワーク処理を決定づける傾向があります。これを避けるため，入力属性を正規化し，それらが同じような範囲に収まるようにします。

6) 便宜上，図 14 と図 15 には結合の重みづけを含めませんでした。

7) 厳密に言えば，バックプロパゲーション（誤差逆伝播法）アルゴリズムは微積分法の連鎖法則を用いて，ネットワークの各ニューロンに対するそれぞれの重みごとにネットワークの誤差の微分係数（導関数）を計算しますが，この議論ではバックプロパゲーションアルゴリズムの背後にある本質的な観念をわかりやすく説明するために，誤差と誤差の微分係数の区別を省略します。

8) ネットワークが「ディープ（深い）」とみなされるために最低限必要な隠れ層の数は特に定まっていませんが，2 層でさえ十分「ディープ（深い）」という意見もあります。多くのディープネットワークは何十という層で構成されますが，ネットワークによっては数百もしくは数千という数の層が存在するケースがあります。

9) RNN およびその自然言語処理のわかりやすい入門書として，ケレハー（2016 年）を参照。

10) 厳密に言えば，誤差推定の価値の低下は「勾配消失問題」として知られます。なぜなら，アルゴリズムがネットワークを通じて後方に戻るたびに誤差面上の勾配が失われるためです。

11) アルゴリズムは二つの先端があるケースでも終端となります。つまり，データセットの分割後 1 本の枝にそれ以上インスタンスがなくなった場合，または，すでにすべての入力属性がルートノードと枝の間のノードで使用された場合です。どちらのケースも，終端ノードがつけ足され，枝の親ノードで

大部分のターゲット属性値がラベルづけされます。

12) エントロピーおよび決定木アルゴリズムにおけるエントロピーの使用の入門書として，情報に基づく学習に関するケレハー，マック・ナミーおよびダーシーの著作（2015年）を参照。

13)「説明する権利」に関する議論の入門書として，バート（2017年）を参照。

第5章

1) ケレハー，マック・ナミーおよびダーシーの顧客チャーンのケーススタディ（2015年）では，傾向モデルの属性の設計について，かなりのページ数を割いて論じています。

第6章

1) 行動ターゲティングは，ユーザーのオンライン活動（訪問したサイト，クリック数，一つのサイトに費やした時間など）から収集されたデータと予測モデルを使用してそのユーザーに表示される広告を選択します。

2) EU一般データ保護規則（2002／58／EC）。

3) 例えば，妊娠中の女性のなかには，販売促進用の妊婦向けプログラムに店先で登録することで，小売店に自らの妊娠を明示的に伝える人もいます。

4) PredPolに関する詳細については，http://www.predpol.com を参照。

5) パノプティコンとは，18世紀にジェレミ・ベンサムが手がけた刑務所や精神病院などの施設建築物の設計です。パノプティコンの決定的な特徴は，収容者に気づかれずに看守やスタッフが収容者の様子を観察できる点でした。この設計の底流をなす考え方は，まるで自分が四六時中監視されているかのように収容者が行動せざるを得ない状況をつくり出すことです。

6)「デジタルフットプリントとは異なる」という意味。

7) 1964年公民権法，公法88-352，制定順法律集 第78章241ページ以降に掲載，https://www.gpo.gov/fdsys/pkg/STATUTE-78/pdf/STATUTE-78-Pg241.pdf

8) 1999年の障害を持つアメリカ人法，公法101-336，制定順法律集 第104章327ページ以降に掲載 https://www.gpo.gov/fdsys/pkg/STATUTE-104/pdf/STATUTE-104-Pg327.pdf

9) 公正な情報慣習の原則は，https://www.dhs.gov/publication/fair-information-practice-principles-fipps より閲覧できます。

10) カリフォルニア州上院議会，SB-568 プライバシー：インターネット：未成年，ビジネスおよび職業法典，インターネット関連，巻 8節，22.1章

（22580 項より開始）（2013 年），https://leginfo.legislature.ca.gov/faces/billNavClient.xhtml?bill_id=201320140SB568

第 7 章

1) スペインの SmartSantander プロジェクトに関する詳細は，http://smartsantander.eu を参照。

2) TEPCO のプロジェクトに関する詳細は，http://www.tepco.co.jp/en/press/corp-com/release/2015/1254972_6844.html を参照。

3) レフ・トルストイ著『アンナ・カレーニナ』（1877 年）は，『幸福な家庭はどれも似たものだが，不幸な家庭はいずれもそれぞれに不幸なものである』という冒頭で始まります。トルストイの考え方は，家族が幸せになるためには，さまざまな方面（愛情，家計，健康，義理の家族との関係）でうまくいかなければなりませんが，これらの方面のどれか一つがうまくいかなくても不幸になるというものです。つまり，幸せな家族はすべての方面でうまくいっているという面でどれも同じですが，不幸な家族は，たくさんの異なる理由が重なって不幸せになる可能性があるということです。

参考文献

D・H・ウォルパートおよび W. G. マクリーディ 1997 年 "No Free Lunch Theorems for Optimization." IEEE Transactions on Evolutionary Computation 1 (1): 67–82. doi:10.1109/4235.585893.

Eurobarometer 2015 年 "Data Protection." Special Eurobarometer 431. http://ec.europa.eu/COMMFrontOffice/publicopinion/index.cfm/Survey/index#p=1&instruments=SPECIAL.

Oakland Privacy Working Group 2015 年 "PredPol: An Open Letter to the Oakland City Council." June 25. https://www.indybay.org/newsitems/2015/06/25/18773987.php.

J・R・メイヤーおよびJ・C・ミッチェル 2012年 "Third-Party Web Tracking: Policy and Technology." In 2012 IEEE Symposium on Security and Privacy, 413-27. Piscataway, NJ: IEEE. doi:10.1109/SP.2012.47.

T・S・エリオット 1934（1952）年 "Choruses from 'The Rock.'" In T. S. Eliot: The Complete Poems and Plays—1909-1950. San Diego: Harcourt, Brace and Co.

アヴィ・ゴールドファーブおよびキャサリン・E・タッカー 2011 年 Online Advertising, Behavioral Targeting, and Privacy. Communications of the ACM 54 (5): 25-27.

アフラ・カー 2017 年 Global Games: Production, Circulation, and Policy in the Networked Era. New York: Routledge.

アメリカ連邦取引委員会 2012 年 Protecting Consumer Privacy in an Era of Rapid Change. Washington, DC: Federal Trade Commission. https://www.ftc.gov/sites/default/files/documents/reports/federal-trade-commission-report-protecting-consumer-privacy-era-rapid-change-recommendations/120326privacyreport.pdf.

アルフレッド・コージブスキー 1996 年 "On Structure." In Science and Sanity: An Introduction to Non-Aristotelian Systems and General Semantics, CD-ROM, ed. Charlotte Schuchardt-Read. Englewood, NJ: Institute of General Semantics. http://esgs.free.fr/uk/art/sands.htm.

アン・カブキアン　2013年　"Privacy by Design: The 7 Foundation Principles (Primer)." Information and Privacy Commissioner, Ontario, Canada. https://www.ipc.on.ca/wp-content/uploads/2013/09/pbd-primer.pdf.

アンドリュー・バート　2017年　"Is There a 'Right to Explanation' for Machine Learning in the GDPR?" https://iapp.org/news/a/is-there-a-right-to-explanation-for-machine-learning-in-the-gdpr.

アンドレイ・ソルダトフおよびイリーナ・ボロガン　2012年　"In Ex-Soviet States, Russian Spy Tech Still Watches You." WIRED, December 21. https://www.wired.com/2012/12/russias-hand.

ウーター・ヴェルベケ，デビッド・マーテンス，クリストフ・ムエスおよびバート・バーゼンス 2011年　"Building Comprehensible Customer Churn Prediction Models with Advanced Rule Induction Techniques." Expert Systems with Applications 38 (3): 2354-2364.

ヴィクトル・マイヤー・シェーンベルガーおよびケネス・カカー　2014年　Big Data: A Revolution That Will Transform How We Live, Work, and Think. Reprint. Boston: Eamon Dolan/Mariner Books.

ウィリアム・S・クリーブランド　2001年　"Data Science: An Action Plan for Expanding the Technical Areas of the Field of Statistics." International Statistical Review 69 (1):21-26. doi:10.1111/j.1751-5823.2001.tb00477.x.

エドワード・R・タフテ　2001年　The Visual Display of Quantitative Information. 2nd ed. Cheshire, CT: Graphics Press.

エリック・ブラインジョルフソン，ロリン・M・ヒットおよびキム・ヒギョン　2011年　"Strength in Numbers: How Does Data-Driven Decisionmaking Affect Firm Performance?" SSRN Scholarly Paper ID 1819486. Social Science Research Network, Rochester, NY. https://papers.ssrn.com/abstract=1819486.

カディム・シュブリ　2013年　"A Simple Guide to GCHQ's Internet Surveillance Programme Tempora." WIRED UK, July 24. http://www.wired.co.uk/article/gchq-tempora-101.

ガリト・シュムエリ　2010年　"To Explain or to Predict?" Statistical Science 25 (3): 289-310. doi:10.1214/10-STS330.

クインラン・J・R　1986 年　"Induction of Decision Trees." Machine Learning 1 (1): 81–106. doi:10.1023/A:1022643204877.

クリステン・パーセル, ジョアンナ・ブレナーおよびリー・レイニー　2012 年　"Search Engine Use 2012." Pew Research Center, March 9. http://www.pewinternet. org/2012/03/09/main-findings-11/.

ケール・ガスリー・ワイスマン　2015 年　"The NYPD's Newest Technology May Be Recording Conversations." Business Insider, March 26. http:// uk.businessinsider.com/the-nypds-newest-technology-may-be-recording-conversations-2015-3.

経済協力開発機構（OECD）　1980 年　Guidelines on the Protection of Privacy and Transborder Flows of Personal Data. Paris: OECD. https://www.oecd.org/ sti/ieconomy/oecdguidelinesontheprotectionofprivacyandtransborderflowsofpe rsonaldata.htm.

経済協力開発機構（OECD）　2013 年　2013 OECD Privacy Guidelines. Paris: OECD. https://www.oecd.org/internet/ieconomy/privacy-guidelines.htm.

クラウドフラワー　2016 年　2016 Data Science Report. http://visit.crowdflower. com/rs/416-ZBE-142/images/CrowdFlower_DataScienceReport_2016.pdf.

クリス・アンダーセン　2008 年　The Long Tail: Why the Future of Business Is Selling Less of More. Rev. ed. New York: Hachette Books.

クリストファー・エリオット　2004 年　"BUSINESS TRAVEL; Some Rental Cars Are Keeping Tabs on the Drivers." New York Times, January 13. http://www. nytimes.com/2004/01/13/business/business-travel-some-rental-cars-are-keeping-tabs-on-the-drivers.html.

クリスティン・オルークおよびアフラ・カー　2017 年　"Privacy Schield for Whom? Key Actors and Privacy Discourse on Twitter and in Newspapers." In "Redesigning or Redefining Privacy?," special issue of Westminster Papers in Communication and Culture 12 (3): 21–36. doi:http://doi.org/ 10.16997/wpcc.264.

ゴードン・リノフおよびマイケル・ベリー　2011 年　Data Mining Techniques: For Marketing, Sales, and Customer Relationship Management. Indianapolis, IN: Wiley.

ジェームズ・マニイカ，マイケル・チュイ，ブラッド・ブラウン，ジャック・バギン，リチャード・ドブス，チャールズ・ロックスバラ，アンジェラ・ハング・バイヤーズ　2011年 Big Data: The Next Frontier for Innovation, Competition, and Productivity. Chicago: McKinsey Global Institute. http://www.mckinsey.com/business-functions/digital-mckinsey/our-insights/big-data-the-next-frontier-for-innovation.

ジェイソン・ボールドリッジ　2015年　"Machine Learning and Human Bias:An Uneasy Pair." TechCrunch, August 2. http://social.techcrunch.com/2015/08/02/machine-learning-and-human-bias-an-uneasy-pair.

ジェシカ・サンダース，プリシラリア・ハントおよびジョン・S・ハリウッド　2016年 "Predictions Put into Practice: A Quasi-Experimental Evaluation of Chicago's Predictive Policing Pilot." Journal of Experimental Criminology 12 (3): 347–371. doi:10.1007/s11292-016-9272-0.

ジェフリー・ポメランツ　2015年　Metadata. Cambridge, MA: MIT Press. https://mitpress.mit.edu/books/metadata-0.

ジェレミー・ゴルナー　2013年　"Chicago Police Use Heat List as Strategy to Prevent Violence." Chicago Tribune, August 21. http://articles.chicagotribune.com/2013-08-21/news/ct-met-heat-list-20130821_1_chicago-police-commander-andrew-papachristos-heat-list.

ジャウェイ・ハン，ミシュリーヌ・カンバーおよびジャン・ペイ　2011年　Data Mining: Concepts and Techniques. 3rd ed. Haryana, India: Morgan Kaufmann.

ジョージE・P・ボックス　1979年　"Robustness in the Strategy of Scientific Model Building," in Robustness in Statistics, ed. R. L. Launer and G. N. Wilkinson, 201–236. New York: Academic Press.

ショーンドラ・ヒル，フォスター・プロボストおよびクリス・ヴォリンスキー　2006年 Network-Based Marketing: Identifying Likely Adopters via Consumer Networks. Statistical Science 21 (2): 256–276. doi:10.1214/088342306000000222.

ジョナサン・メイヤーおよびパトリック・マチュラー　2014年　"MetaPhone: The Sensitivity of Telephone Metadata." Web Policy, March 12. http://webpolicy.org/2014/03/12/metaphone-the-sensitivity-of-telephone-metadata.

ジョセフ・トゥロー　2013年　The Daily You: How the New Advertising Industry Is Defining Your Identity and Your Worth. New Haven, CT: Yale University Press.

ジョン・D・ケレハー　2016年　"Fundamentals of Machine Learning for Neural Machine Translation." In Proceedings of the European Translation Forum, 1-15. Brussels: European Commission Directorate-General for Translation. https://tinyurl.com/RecurrentNeuralNetworks.

ジョン・D・ケレハー，ブライアン・マック・ナミーおよびアオイフェ・ダーシー　2015年 Fundamentals of Machine Learning for Predictive Data Analytics. Cambridge, MA: MIT Press.

シンシア・ドワークおよびアーロン・ロス　2014年　"The Algorithmic Foundations of Differential Privacy." Foundations and Trends® in Theoretical Computer Science 9 (3-4): 211-407.

スアンナ・マリア・バリー・ジェスター，ベン・カッセルマンおよびデイナ・ゴールドスタイン　2015年　"Should Prison Sentences Be Based on Crimes That Haven't Been Committed Yet?" FiveThirtyEight, August 4. https://fivethirtyeight.com/features/prison-reform-risk-assessment.

スティーヴン・D・レヴィットおよびステファン・ダブナー　2009年　Freakonomics: A Rogue Economist Explores the Hidden Side of Everything. New York: William Morrow Paperbacks.

ステファニー・クリフォード　2012年　"Supermarkets Try Customizing Prices for Shoppers." New York Times, August 9. http://www.nytimes.com/2012/08/10/business/supermarkets-try-customizing-prices-for-shoppers.html.

ダッタ・アミット，マイケル・カール・チャンツおよびアヌパム・ダッタ　2015年 "Automated Experiments on Ad Privacy Settings." Proceedings on Privacy Enhancing Technologies 2015 (1): 92-112.

ダン・スタインバーグ　2013年　"How Much Time Needs to Be Spent Preparing Data for Analysis?" http://info.salford-systems.com/blog/bid/299181/How-Much-Time-Needs-to-be-Spent-Preparing-Data-for-Analysis.

ティマンドラ・ハークネス　2016年　Big Data: Does Size Matter? New York: Bloomsbury Sigma.

デザイア　2015年　"How Big Data Analysis Helped Increase Walmart's Sales Turnover." May 23. https://www.dezyre.com/article/how-big-data-analysis-helped-increase-walmarts-sales-turnover/109.

デビッド・シルバー，アジャ・ホアン，クリス・J・マディソン，アーサー・ゲス，ローラン・シフレ，ジョージ・ヴァン・デン・ドリスシェおよびジュリアン・シュリットウィーザー他　2016年　"Mastering the Game of Go with Deep Neural Networks and Tree Search." Nature 529 (7587): 484–489. doi:10.1038/nature16961.

デビッド・テイラー　2016年　"Battle of the Data Science Venn Diagrams." KDnuggets, October. http://www.kdnuggets.com/2016/10/battle-data-science-venn-diagrams.html.

テファン・ヒュー　2012年　Show Me the Numbers: Designing Tables and Graphs to Enlighten. 2nd ed. Burlingame, CA: Analytics Press.

チャールズ・デュヒッグ　2012年　"How Companies Learn Your Secrets." New York Times, February 16. http://www.nytimes.com/2012/02/19/magazine/shopping-habits.html.

トニー・ドコピル　2013年　"'Small World of Murder': As Homicides Drop, Chicago Police Focus on Social Networks of Gangs." NBC News, December 17. http://www.nbcnews.com/news/other/small-world-murder-homicides-drop-chicago-police-focus-social-networks-f2D11758025.

ニッサ・リー　2016年　"Study Casts Doubt on Chicago Police's Secretive 'Heat List.'" Chicago Magazine, August 17. http://www.chicagomag.com/city-life/August-2016/Chicago-Police-Data/.

ニコラウス・ヘンケ，ジャック・ブギン，マイケル・チュイ，ジェームズ・マニイカ，タミム・サレおよびビル・ワイズマン　2016年　The Age of Analytics: Competing in a Data-Driven World. Chicago: McKinsey Global Institute. http://www.mckinsey.com/business-functions/mckinsey-analytics/our-insights/the-age-of-analytics-competing-in-a-data-driven-world.

ニルス・ニルソン　1965年　Learning Machines: Foundations of Trainable Pattern-Classifying Systems. New York: McGraw-Hill.

ハワード・ビールス　2010年　"The Value of Behavioral Targeting." Network Advertising Initiative. http://www.networkadvertising.org/pdfs/Beales_NAI_Study.pdf.

バートジャップ・クープス　2011年　"Forgetting Footprints, Shunning Shadows: A Critical Analysis of the 'Right to Be Forgotten' in Big Data Practice." Tilburg Law School Legal Studies Research Paper no. 08/2012. SCRIPTed 8 (3): 229–56. doi:10.2139/ssrn.1986719.

バーナード・マー　2015年　Big Data: Using SMART Big Data, Analytics, and Metrics to Make Better Decisions and Improve Performance. Chichester, UK: Wiley.

ピート・チャップマン，ジュリアン・クリントン，ランディー・カーバー，トーマス・カバザ，トーマス・ライナルツ，コリン・シアラー，およびルディガー・ワース　1999年　"CRISP-DM 1.0: Step-by-Step Data Mining Guide." ftp://ftp.software.ibm.com/software/analytics/spss/support/Modeler/Documentation/14/UserManual/CRISP-DM.pdf.

フランク・ボイテンダイクおよびジェイ・ハイザー　2013年　"Confronting the Privacy and Ethical Risks of Big Data." Financial Times, September 24. https://www.ft.com/content/105e30a4-2549-11e3-b349-00144feab7de.

プリシラリア・ハント，ジェシカ・サンダースおよびジョン・S・ハリウッド　2014年　Evaluation of the Shreveport Predictive Policing Experiment. Santa Monica, CA: Rand Corporation.http://www.rand.org/pubs/research_reports/RR531.

ブレンダン・マクマハンおよびダニエル・ラマージュ　2017年　"Federated Learning: Collaborative Machine Learning without Centralized Training Data." Google Research Blog, April. https://research.googleblog.com/2017/04/federated-learning-collaborative.html.

マーク・ホール，イアン・ウィッテンおよびエイブ・フランク　2011年　Data Mining: Practical Machine Learning Tools and Techniques. Amsterdam: Morgan Kaufmann.

マーティン・イネス　2001年　Control Creep. Sociological Research Online 6 (3). https://ideas.repec.org/a/sro/srosro/2001-45-2.html.

マーティン・ドッジおよびロブ・キチン　2007年　"The Automatic Management of Drivers and Driving Spaces." Geoforum 38 (2): 264–275.

マイク・バティ，アルン・トリパティ，アリス・クロール，ピーター・ウー・チェン・シェン，デヴィッド・ムーア，クリス・ステノ，ルーカス・ラウ，ジム・グシュチャおよびミッチ・キャッチャー　2010年　"Predictive Modeling for Life Insurance: Ways Life Insurers Can Participate in the Business Analytics Revolution." Society of Actuaries. https://www.soa.org/files/pdf/research-pred-mod-life-batty.pdf.

マイケル・ルイス　2004年　Moneyball: The Art of Winning an Unfair Game. New York: Norton.

ミカル・コジンスキー，デビッド・スティルウェルおよびソア・グレイペル　2013年　"Private Traits and Attributes Are Predictable from Digital Records of Human Behavior." Proceedings of the National Academy of Sciences of the United States of America 110 (15): 5802–5805. doi:10.1073/pnas.1218772110.

メタ・S・ブラウン　2014年　Data Mining for Dummies. New York: Wiley. http://www.wiley.com/WileyCDA/WileyTitle/productCd-1118893174,subjectCd-STB0.html.

ヤン・ルカン　1989年　Generalization and Network Design Strategies. Technical Report CRG-TR-89-4. Toronto: University of Toronto Connectionist Research Group.

ヨーロッパ委員会　2012年　"Commission Proposes a Comprehensive Reform of the Data Protection Rules—European Commission." January 25. http://ec.europa.eu/justice/newsroom/data-protection/news/120125_en.htm.

ヨーロッパ委員会　2016年　"The EU-U.S. Privacy Shield." December 7. http://ec.europa.eu/justice/data-protection/international-transfers/eu-us-privacy-shield/index_en.htm.

ヨーロッパ連合基本権憲章　2000年　Official Journal of the European Communities C (364): 1–22.

ヨーロッパ連合理事会およびヨーロッパ議会　2016年　"General Data Protection Regulation of the European Council and Parliament." Official Journal of the European Union L 119: 1–2016. http://ec.europa.eu/justice/data-protection/reform/files/regulation_oj_en.pdf.

ヨーロッパ連合理事会およびヨーロッパ議会　1995年　"95/46/EC of the European Parliament and of the Council of 24 October 1995 on the Protection of Individuals with Regard to the Processing of Personal Data and on the Free Movement of Such Data." Official Journal of the European Community L 281:38-1995): 31–50.

リー・レイニーおよびメアリー・マッデン　2015年　"Americans' Privacy Strategies Post-Snowden." Pew Research Center, March. http://www.pewinternet.org/files/2015/03/PI_AmericansPrivacyStrategies_0316151.pdf.

レオ・ブレイマン　2001年　"Statistical Modeling: The Two Cultures (with Comments and a Rejoinder by the Author)." Statistical Science 16 (3): 199–231. doi:10.1214/ss/1009213726.

リチャード・A・バークおよびジャスティン・ブリーチ　2013年　"Statistical Procedures for Forecasting Criminal Behavior." Criminology & Public Policy 12 (3): 513–544.

ロブ・キチン　2014年 a　The Data Revolution: Big Data, Open Data, Data Infrastructures, and Their Consequences. Los Angeles: Sage.

ロブ・キチン　2014年 b　"The Real-Time City? Big Data and Smart Urbanism." GeoJournal 79 (1): 1–14. doi:10.1007/s10708-013-9516-8.

ロリー・キャロル　2013年　"Welcome to Utah, the NSA's Desert Home for Eavesdropping on America." Guardian, June 14. https://www.theguardian.com/world/2013/jun/14/nsa-utah-data-facility.

関連資料

データおよびビッグデータ関連

クリスチャン・ラダー　Dataclysm: Who We Are (When We Think No One's Looking). New York: Broadway Books, 2014

ジェフリー・ポメランツ　Metadata. Cambridge, MA: MIT Press, 2015

ティマンドラ・ハークネス　Big Data: Does Size Matter? New York: Bloomsbury Sigma, 2016

トーマス・H・ダベンポート　Big Data at Work: Dispelling the Myths, Uncovering the Opportunities. Cambridge, MA: Harvard Business Review, 2014

ビクターマイヤー＝ショーンバーガーおよびケネス・カカー　Big Data: A Revolution That Will Transform How We Live, Work, and Think. Boston: Eamon Dolan/Mariner Books, 2014

ロブ・キチン　The Data Revolution: Big Data, Open Data, Data Infrastructures, and Their Consequences. Los Angeles: Sage, 2014

データサイエンス，データマイニングおよび機械学習関連

ゴードン・S・リノフおよびマイケル・J・A・ベリー　Indianapolis, IN: Wiley, 2011 (『データマイニング手法－営業，マーケティング，CRM のための顧客分析』海文堂出版　2014)

ジョン・D・ケレハー，ブライアン・マック・ナミーおよびイーファ・ダーシー　Fundamentals of Machine Learning for Predictive Data Analytics. Cambridge, MA: MIT Press, 2015

フォスター・プロボストおよびトム・フォーセット　Data Science for Business: What You Need to Know about Data Mining and Data-Analytic Thinking. Sebastopol, CA: O'Reilly Media, 2013

プライバシー，倫理および広告関連

ジョセフ・トゥロー　How the New Advertising Industry Is Defining Your Identity and Your Worth. New Haven, CT: Yale University Press, 2013

シンシア・ドワークおよびアーロン・ロス　2014. "The Algorithmic Foundations

of Differential Privacy." Foundations and Trends® in Theoretical Computer Science 9 (3-4): 211-407

ダニエル・J・ソローブ Nothing to Hide: The False Tradeoff between Privacy and Security. New Haven, CT: Yale University Press, 2013

ヘレン・ニッセンバウム Privacy in Context: Technology, Policy, and the Integrity of Social Life. Stanford, CA: Stanford Law Books, 2009

索　引

著者

ジョン・D・ケレハー /John D. Kelleher

ダブリン工科大学コンピュータサイエンス教授および同大学の情報コミュニケーションエンターテインメント研究所のアカデミックリーダー。ADAPT センター（アイルランド科学財団が資金援助［助成金 13/RC/2106］）およびヨーロッパ地域開発基金より助成を受け，研究に従事。『Fundamentals of Machine Learning for Predictive Data Analytics』（マサチューセッツ工科大学出版局）の共著者。

ブレンダン・ティアニー /Brendan Tierney

ダブリン工科大学コンピューティング学部講師。「Oracle Ace Director」の称号をもつ。オラクルの技術を使用したデータマイニングに関して，多くの著書を執筆。

監訳者

今野紀雄 / こんの・のりお

横浜国立大学大学院工学研究院教授。博士（理学）。1957 年，東京都生まれ。東京大学理学部数学科卒業。専門は確率論。主な研究テーマは無限粒子系，量子ウォーク，複雑ネットワーク。2018 年度日本数学会解析学賞を受賞。著書に『図解雑学 確率』『図解雑学 確率モデル』『図解雑学 複雑系』『四元数』など多数。雑誌『Newton』の特集監修なども務める。

訳者

久島聡子 / くしま・さとこ

1995 年，東京外国語大学外国語学部英米語学科卒業。2001 年よりアメリカカリフォルニア州サンフランシスコのベイエリア在住。翻訳歴 17 年(企業内を含む)，ビジネス，法務，金融，特許，IT，コンピューター，情報通信，環境を含む多岐にわたる分野で翻訳実績がある。

DATA SCIENCE
JOHN D. KELLEHER AND BRENDAN TIERNEY

データサイエンス

2020年1月15日発行

著者　ジョン・D・ケレハー，ブレンダン・ティアニー

監訳者　今野紀雄

訳者　久島聡子

翻訳協力　株式会社 Aプラス

発行者　株式会社 ニュートンプレス
　　　　〒112-0012　東京都文京区大塚 3-11-6

© Newton Press 2019
ISBN 978-4-315-52203-7